AF451840

LA
TACTIQUE FRANÇAISE

RÉDUITE

A SA PLUS SIMPLE EXPRESSION PRATIQUE.

EXTRAIT DU SPECTATEUR MILITAIRE.

Paris. — Imprimerie de L. MARTINET, rue Mignon, 2.

LA

TACTIQUE FRANÇAISE

RÉDUITE

A SA PLUS SIMPLE EXPRESSION PRATIQUE

ÉTUDE

SUR LES ÉVOLUTIONS DES UNITÉS TACTIQUES (BATAILLON ET DIVISION)
POUR SERVIR DE TRAIT D'UNION
ENTRE LE CHAMP DE MARS ET LE CHAMP DE BATAILLE

PAR L'AUTEUR DE :

LE CRI DE GUERRE DES PRUSSIENS

Réponse à l'*Art de combattre l'armée française*, de S. A. R. le prince
Frédéric Charles de Prusse

PARIS

IMPRIMERIE DE L. MARTINET,
RUE MIGNON, 2.

1861

AVIS.

Le tirage de ce livre était déjà fait, en grande partie, lorsqu'en relisant l'opuscule que nous avons publié naguère en réponse à *l'Art de combattre l'armée française*, de S. A. R. le prince Frédéric Charles de Prusse, l'idée nous est venue d'en faire une préface.

Nous avions écrit cet opuscule pour répondre, non-seulement à la brochure très agressive du prince de Prusse, mais encore aux outrecuidantes manifestations dont ses concitoyens étaient alors si prodigues envers la France. De là quelques vivacités de langage auxquelles nous ne nous serions probablement pas laissé entraîner dans les circonstances présentes. Toutefois, ces réserves faites et tout bien pesé, nous avons jugé qu'il n'y avait pas lieu de nous priver du bénéfice d'un travail auquel nous attribuons, à tort ou à raison, la faculté de pallier un peu l'aridité naturelle à ce genre d'études, et de faire ressortir les différents mobiles qui nous ont mis la plume à la main.

a

LE CRI DE GUERRE

DES

PRUSSIENS.

INTRODUCTION.

Le soldat français est plus prompt à saisir l'épée que la plume. — Sans doute, il n'y a pas lieu de lui en faire un crime et le contraire seul serait vraiment déplorable ; mais sa négligence n'en est pas moins une faute, parce qu'il n'appartient pas à qui s'appuie sur le principe de la force de la dédaigner sous quelque forme qu'elle se produise ; — or, la plume est une grande force, qui tend même à dominer toutes les autres et particulièrement celle des armes, dont l'éclat l'offusque peut-être plus, en réalité, que toutes les prétendues iniquités qu'elle se plaît à lui reprocher.

« Plutôt la Terreur que l'Empire ; plutôt la guillotine que l'épée ; oui, plutôt la honte des journées de septembre que toute votre gloire ! »

Ceci s'écrivait en France au beau milieu de nos plus éclatants triomphes et donne la mesure de l'intérêt avec lequel on les accueille en certains lieux. — Ne pouvant nier la gloire de nos soldats, on la foule dédaigneusement aux pieds, en attendant que revienne le bon temps où l'on ne voyait en eux qu'une soldatesque effrénée, de vils suppôts, etc., etc.

Évidemment, la plume n'est pas responsable des impertinences du premier faquin qui s'avise de la tenir, et personne, moins que nous, ne songera jamais à les lui imputer ; mais ces impertinences, même les plus éhontées, comme celle que nous citons, répondent aux petits instincts de tant de mesquines passions qu'elles demeurent rarement sans écho.

Aussi la prudence la plus vulgaire, celle que dicte le sentiment de la conservation personnelle, commande-t-elle à l'armée de se tenir prête à faire face au danger de quelque nature qu'il puisse être.

Hâtons-nous d'ajouter que c'est aussi son devoir ; car tant qu'il y aura de par le monde des hommes avides de repos en même temps que d'honneurs et de richesses, — et le nombre en va toujours croissant, — tant que les montagnes arides n'auront pas été changées en vallées fertiles ; tant qu'il n'aura pas été clairement démontré à l'habitant déshérité des sombres et froides contrées du nord qu'il n'a pas droit à sa part de soleil, il y aura péril en la demeure favorisée par la nature et la civilisation. — Or, de tous les pays du monde, la France est incontestablement aujourd'hui celui qui doit exciter le plus de convoitises.

Il importe donc pour le salut de tous comme pour le sien propre, que l'armée française sache manier toutes les armes qui peuvent l'aider à conserver un prestige indispensable pour préserver notre patrie des coups du dehors et des tristes effets de la dissolution morale dont la suprématie de l'argent lui a mis au cœur le germe fatal.

Pour le moment, sans doute, il n'y a pas lieu de se préoccuper outre mesure de semblables éventualités; néanmoins il vaut toujours mieux pécher par excès que par défaut de prévoyance, d'autant mieux que les précautions de ce genre, si elles ne sont pas utiles à telle fin, peuvent le devenir à telle autre; aujourd'hui, par exemple, à celle de répondre aux menaces de nos voisins d'outre-Rhin.

L'Allemagne, dira-t-on, est le pays classique des rêves et c'est bien le moins que nous lui laissions la satisfaction de les expliquer. — Sans doute, et si celui que nous trouvons résumé sous ce titre : *l'Art de combattre l'armée française*, n'avait pas franchi nos frontières, nous ne nous fussions certainement pas permis d'aller le relancer sur les domaines réservés du haut et puissant seigneur auquel on en attribue généralement la paternité.

Ceci soit dit, du reste, pour nous garer du reproche de flatterie autant et peut-être plus que de celui de ripostes malséantes; car nous nous plaisons à reconnaître, avec le traducteur, la grande pénétration de l'auteur, quel qu'il soit, et si la franchise qu'il apporte à reconnaître l'intelligence et le courage de nos soldats ne nous inspire pas la même admiration, c'est qu'à notre avis il ne pouvait pas leur dénier ces qualités en même temps qu'il constatait la nullité de la plupart de leurs chefs, sans faire la plus mortelle injure à tous ceux qu'ils ont successivement battus. — Ainsi, hors de cette franchise plus de pénétration et, nous le répétons volontiers, elle est d'autant plus grande qu'à l'égard de l'armée française la critique est fort difficile.

Quant à l'art de la vaincre, nous le croyons impossible aux Prussiens, par la raison qu'en fait de guerre comme en toute autre chose, l'art est impuissant à atteindre à la hauteur du génie et à plus forte raison à la dépasser; or, depuis Jules-César jusqu'au prince Frédéric Charles de Prusse, tous les capitaines qui, de près ou de loin, se sont occupés du soldat de la Gaule, ont dû reconnaître en lui le génie de la guerre.

Sans doute, — ainsi que le note avec complaisance la brochure *l'Art de combattre l'armée française*, — les Prussiens ont eu la bonne fortune de « bouleverser les débris des légions de l'empereur des Gaulois »; mais ils n'avaient affaire qu'à des débris, et même, si nous avons bonne mémoire, non-seulement ils n'étaient pas seuls occupés à cette glorieuse besogne, mais encore leurs hordes innombrables ont laissé bien des lambeaux de lauriers accrochés aux buissons du chemin.

I

La brochure *l'Art de combattre l'armée française* s'occupe, en réalité, fort peu de cet art, et presque exclusivement de la critique de notre armée; or, comme nous en avons déjà reconnu la haute portée, on ne sera pas surpris d'en trouver ici, à proprement parler, le corollaire plutôt que la réfutation, corollaire basé sur une certaine expérience des us et coutumes de nos soldats, bien plus que sur notre compétence dans la question générale.

En passant en revue les principes d'après lesquels les Français se dirigent lorsqu'ils font la guerre, cette brochure dit que « la manière de conduire les troupes

de l'armée française au combat est laissée à l'initiative et au talent des généraux, qui, de leur côté, se
basent sur les connaissances des chefs subalternes et
l'intelligence des soldats. »

Un peu plus loin elle ajoute : « A nos yeux, leurs
manœuvres sont d'une pauvreté qui nous frappe; mais
si nous y découvrons des fautes graves, soyez sûrs
qu'elles n'auront provoqué parmi les Français ni un
blâme, ni une critique. Le chef qui vient de commander, quelque inintelligent qu'il se soit montré, se retire
avec le sentiment le plus complet et le plus naïf de
son infaillibilité et de son succès. »

A moins d'appeler les choses par leur nom, il nous
semble malaisé de dire plus clairement aux gens qu'ils
sont des ignorants et des sots.

Ab uno disce omnes. En serait-il de l'écrivain étran-
ger comme de ce touriste anglais, qui prétendait que
toutes les femmes d'un pays étaient rousses parce que
la seule qu'il y eût aperçue était de nuance hasardée ?
— C'est probable; car enfin nos écoles sont réputées
les meilleures du monde entier. — Notre École polytechnique est, assure-t-on, enviée par toutes les puis-
sances, et c'est à peine s'il se trouve parmi nous quelques esprits assez mal faits pour la comparer à une
serre chaude où les fruits précoces de l'intelligence
française vont se développer outre mesure au détri-
ment de leur saveur.

Sans doute, il est déplorable de voir couler dans le même moule algébrique tant d'intelligences surmenées ; mais ce n'est là, en définitive, qu'une question de bonne ou mauvaise culture de quelques phénomènes, et l'armée n'a que faire de phénomènes ! Il faut donc chercher, ailleurs, le défaut de sa cuirasse. — A notre avis, ce défaut provient, en grande partie, de l'excès même d'une de ses qualités les plus précieuses ; de l'interprétation généralement vicieuse de l'idée d'égalité. — Pour le vulgaire, en effet, l'égalité ne consiste pas à donner au dernier l'émulation et les moyens nécessaires pour atteindre à la hauteur du premier, mais bien à faire descendre le premier au même niveau que le dernier. — De là tant de petits ambitieux et si peu de nobles ambitions. — De là l'influence atrophiante de ces coteries d'envieux, que le mérite est presque toujours assuré de rencontrer en travers de son chemin, et qui réservent toutes leurs complaisances pour la médiocrité.

Revenons à nos écoles. — Le mode d'instruction de notre École militaire spéciale, tout en embrassant beaucoup de matières inutiles, absorbe pourtant bien moins l'intelligence que celui de l'École polytechnique, et la laisse, par conséquent, plus lucide pour les travaux de l'art militaire, lorsqu'arrive le moment de s'y livrer avec fruit.

Ajoutons que le corps d'état-major, auquel cette école fournit annuellement ses premiers sujets, est, en principe, une excellente pépinière de généraux. Il est vrai de dire que, par la plus étrange anomalie, c'est précisément celui qui en fournit le moins.

Évidemment, l'idée qui a présidé à sa création, a été mal comprise, à moins qu'elle n'ait été dénaturée à dessein.

N'est-ce pas, en effet, au sommet que doit se produire la plus grande expansion d'une organisation appelée à fournir des sommités? Eh bien! c'est au centre, au grade de capitaine, que se trouve celle du corps d'état-major.

De là naturellement l'abâtardissement de ses attributions.

Qu'arrive-t-il, en effet?

Après quatre années de stage dérisoire passées alternativement dans des corps d'infanterie et de cavalerie, l'officier d'état-major est nommé capitaine, s'il ne l'avait été déjà.

Dès lors, enseignât-il à nos soldats à escalader le ciel, il a la certitude de voir écouler dans cette position, fort honorable du reste, une période de quinze ou vingt années. — Sa première idée, dès qu'il l'a conquise, doit donc être de faire son nid dans les meilleures conditions possibles. Aussi s'empresse-t-il de dire adieu à la vie militaire qu'il avait à peine effleurée, et le voilà transformé, pour le reste de sa carrière, en homme du monde ou de bureau ; à moins que vienne la guerre ! et alors il n'est pas étonnant qu'au lieu d'en être la cheville ouvrière, il ne sache habituellement que s'y faire tuer bravement comme les autres lorsque l'occasion s'en présente.

De cet état de choses il résulte, osons le dire puisque chacun le pense, que le corps d'état-major ne jouit pas vis-à-vis de l'armée de tout le prestige qu'il devrait avoir ; et que, par suite, il est très difficile de le faire revenir à son véritable but par une simple réorganisation comme on y tend en ce moment, si difficile qu'il nous semble impossible d'y parvenir autrement qu'en le retrempant dans de nouvelles attributions, dût-on même outre-passer celle de sa destination première, comme l'ont fait, dans ces dernières campagnes, pour se créer un renom, nos bataillons de chasseurs à pied, en revendiquant l'honneur de marcher, en qualité de bataillons de ligne, à la tête de leurs divisions.

Grâce à Dieu, l'armée française possède assez d'officiers intelligents pour permettre de transformer son état-major en un corps indéfiniment renouvelable.

Pourquoi, dès-lors, au lieu de borner ses attributions aux fonctions d'aide de camp et d'attachés aux états-majors divisionnaires, ne les étendrait-on pas de façon à lui donner une place au premier rang de toutes les armes, en envoyant au moins un de ses membres partout où il y a un ennemi à reconnaître, un terrain à sonder ?

Sans doute, ses cadres actuels sont insuffisants pour une telle besogne ; mais nous ne voyons rien qui puisse empêcher de les ouvrir à tous les officiers de l'armée, au lieu de n'y admettre que des jeunes gens dont les facultés intellectuelles n'ont pas encore pu donner de garanties sérieuses et dont les aptitudes ne sont, par conséquent, pas bien définies.

Rien de plus aisé, du reste, que de trouver le mode de concours qui conviendrait à cette nouvelle organisation. Il suffirait de prendre diamétralement l'opposé de celui qui est en vigueur, afin de substituer la recherche de l'esprit à celle de la lettre ; et cela, parce que l'intelligence constitue la première qualité d'un général, et non pas une instruction factice produite par des efforts de mémoire plus un moins prodigieux.

L'extension des cadres du corps d'état-major ferait naturellement rentrer ses officiers dans les rangs de la troupe, et permettrait de leur réserver le commandement d'un certain nombre de compagnies, de bataillons, de régiments, de brigades et de divisions, dans des proportions telles que tout officier d'avenir se verrait contraint d'y aspirer.

De cette façon, on n'arriverait pas seulement à doter

l'armée de généraux jeunes et capables, mais encore à détruire l'éloignement que l'officier professe volontiers pour l'étude, en la lui montrant comme un moyen efficace et comme le complément indispensable du courage pour *arriver vite*, ce qui ne tardera pas à devenir, s'il ne l'est déjà, dans l'armée comme ailleurs, le plus puissant de tous les mobiles.

———

II

A tout seigneur, tout honneur. Nous avons traité la question des généraux, voyons à présent celle des officiers et soldats.

Ce qui domine en France, dans le mode général d'instruction, c'est l'esprit de contradiction. Les dispositions naturelles, quelles qu'elles soient, y sont tout d'abord combattues avec le plus grand soin, et, par suite, les plus brillantes qualités traitées souvent comme devraient l'être toujours les vices.

C'est ainsi que l'armée s'est toujours évertuée jusqu'à présent à comprimer cette initiative du soldat, que César ne pouvait assez admirer, dont Napoléon 1er

a su tirer un si grand parti, et que Napoléon III glori-
fiait naguère encore en proclamant que la baïonnette
était toujours l'arme terrible des batailles.

Sous prétexte de combattre certaines tendances au
désordre, on s'obstine à vouloir substituer aux magni-
fiques élans de notre nature offensive, les errements
de l'art défensif, le plus détestable et le plus homicide,
en fin de compte, de tous les systèmes de guerre.

Tel, l'ours de la fable assomma son maître en vou-
lant le débarrasser d'une mouche.

Il en est de notre désordre dans les combats comme
de la révolution en politique.

Chercher à comprimer la révolution fut folie ; s'attacher à la diriger fut la haute sagesse de l'idée napo-
léonienne.

Il est évident que l'intention de l'Empereur est d'en
agir de même avec l'art militaire : des ordres récents
en font suffisamment foi. Malheureusement l'armée
n'est pas à même de le seconder dans ses projets d'a-
mélioration, et l'idée chôme souvent faute d'artisans
pour en exécuter les détails.

A la vérité, il vient de paraître une nouvelle théorie
dans le sens indiqué ; mais elle pèche, à notre avis,

comme toutes celles qui l'ont précédée, par la compli-
cation.

La lettre tue, a-t-on dit ; or, le livre compliqué, c'est
la lettre pour la plupart de ceux qui le lisent. Ce sont
les livres d'esprit qui ont tué l'esprit en France, en le
lâchant par les rues. Depuis lors, en effet, chacun l'at-
tend tranquillement au passage, au lieu de se donner
la peine de le chercher ; si bien que celui-là passe pour
en avoir le plus, qui possède le meilleur filet.

C'est un code trop minutieux de la civilité puérile et
honnête qui a tué la politesse en Angleterre, où l'on
consulte toujours le livre et jamais le cœur ou l'esprit
en pareille matière.

Le livre pour tous doit être simple et se renfermer,
autant que possible, dans la démonstration des principes généraux et l'énoncé des cas particuliers. Il n'y
a que les hommes expérimentés qui puissent consulter
les autres sans danger ; parce que l'exception, étant
presque toujours plus difficile à prouver que la règle,
exige un plus grand développement et finit souvent par
prendre aux yeux du vulgaire une importance qu'elle
n'a pas.

C'est là le vice capital de nos théories militaires, qui
s'attachent toutes à multiplier les mouvements à l'in-
fini sans s'inquiéter jamais d'indiquer le but à côté des

moyens. Ainsi, elles enseignent bien à l'officier à faire passer sa troupe de tel ordre à tel autre, mais elles ne l'amènent jamais à se demander à quoi cela peut aboutir.

En serait-il donc de l'intelligence de l'officier comme de l'initiative du soldat? Au lieu de la cultiver, se serait-on proposé de la réduire à néant?

En vérité, on serait tenté de le croire, car il est évident que, tant qu'on laissera subsister une de ces qualités, il arrivera toujours un moment où elle réveillera l'autre.

Nous dirons plus, c'est uniquement de leur désaccord momentané que naît le désordre dont on s'inquiète avec raison.

Rien de plus facile à prouver :

Il arrive souvent en guerre, pour une foule de raisons qu'il serait oiseux d'énumérer, qu'on lance des troupes au combat sous une forme défectueuse, par exemple des colonnes contre l'artillerie ou des bataillons déployés là où il faudrait des masses. — Dans le premier cas, l'instinct de nos soldats les porte à se débander pour se jeter sur les flancs de l'ennemi et, dans le second, à se masser pour faire leur trouée.

Cependant l'officier, imbu des enseignements du champ de manœuvre, hésite naturellement entre sa propre inspiration et les errements de la théorie.

La moindre hésitation, en pareil cas, est pernicieuse. L'officier, débordé par l'élan des soldats, au lieu de les conduire, est entraîné par eux, et se trouve dès lors réduit à la simple expression de sa valeur personnelle.

Au lieu de cela, si les exercices de la paix l'habituaient à prévoir les éventualités de la guerre, loin d'attendre l'impulsion, il s'empresserait de la donner, et dès lors le désordre se trouvant organisé, n'existerait plus qu'en apparence.

D'où provient la supériorité bien constatée dans nos dernières campagnes, des officiers vulgairement appelés africains ? — Du soin pieux qu'ils apportent généralement à déposer, en passant, leurs théories au fond de la Méditerranée.

Ainsi livrés aux ressources de leur intelligence, ils sont obligés de la faire travailler, et comme ils ont toujours présent le véritable instinct du soldat, il en résulte naturellement un certain accord là où nous avons constaté l'antagonisme produit par l'éducation des officiers demeurés étrangers à la guerre.

La vraie source du mal est donc cet antagonisme, et

tout ce qu'on pourra faire pour le guérir sera peine perdue tant qu'on ne se décidera pas à accepter franchement et avec orgueil les conséquences de notre tempérament national.

Nos pères Gaulois avaient pour emblème le coq, et pour l'avoir vu souiller sous un règne sans dignité, nous ne le renierons pas. — Eh bien ! on aurait beau exercer cet intrépide animal à se coucher sur le dos pour attendre le combat, l'ennemi le verra toujours dressé sur ses ergots et prêt à lui courir sus.

Le coq est encore la fière, brillante et généreuse image du soldat français.

III

« Le soldat français marche toujours en avant, telle est la tactique française dans toute sa simplicité, — peu importe la forme, » dit la brochure *l'Art de combattre l'armée française*.

Il importe beaucoup, au contraire, et, loin d'être

l'effet de l'indifférence, notre défaut de forme provient justement de l'embarras du choix entre le trop grand nombre de celles que la théorie nous enseigne. A la tactique simple qui consiste à toujours marcher en avant, il faudrait une forme simple, unique si c'était possible, de façon que le chef puisse tout d'abord commander *en avant !* sans avoir à se préoccuper des dispositions préliminaires, et reste libre, par conséquent, de surveiller les mouvements de l'ennemi.

L'attaque, aussi bien que la marche et les manœuvres, s'exécute généralement en colonne. La colonne est donc en définitive l'ordre principal d'une troupe de nature offensive, et, par conséquent, il serait rationnel de la prendre pour base de nos formations au lieu de la subordonner à l'*ordre en bataille*, ainsi nommé très improprement, attendu que la ligne de bataille comporte des colonnes aussi bien que des bataillons déployés.

Si l'on pouvait imaginer, en suivant cet ordre d'idées, une forme unique de colonne pouvant s'employer avantageusement pour la marche, les manœuvres et le combat sans porter préjudice à la ligne de feu, notre mode d'instruction serait par là même singulièrement simplifié.

Or, si le remède au mal existant est dans la simplification, ainsi que nous le croyons, cela vaut la peine qu'on s'en occupe.

uivons donc hardiment le précepte de l'Évangile ·
cherchons, au risque de ne pas trouver, ce dont nous
aurons toujours la ressource de nous consoler en pen-
sant qu'il n'y a pour le cavalier qu'une manière vraiment sûre d'éviter les chutes, c'est de ne jamais
chausser l'étrier.

Supposons, en conséquence, une colonne quelconque, et voyons si elle répond aux exigences des diverses
situations dans lesquelles elle peut être employée.
Supposons, par exemple, une colonne double à demi-
distance, dont les pelotons seraient formés par groupes
au lieu de l'être par files, de façon à conserver entre
deux groupes l'intervalle nécessaire pour encadrer une
file.

Il serait aisé de constater ici les avantages qu'offre
cette colonne pour la marche et les manœuvres, tels
que l'aisance dans les mouvements individuels et l'élasticité des subdivisions ; une facilité remarquable pour
les alignements, qui ne se font aujourd'hui qu'à force
de criailleries insupportables ; la simplification, tant
en le modifiant qu'en le supprimant dans presque tous
les cas, du doublement des files, cause perpétuelle de
tracas pour les hommes et de désordre pour les pelotons ; — la suppression de la majeure partie des commandements ; — la rapidité des déploiements en tous
sens ; — la faculté de former instantanément les carrés
sur deux ou quatre rangs, etc., etc.

Toutefois ces considérations, quelque importantes qu'elles puissent être, ne sont que secondaires comparées à celles qui concernent la colonne d'attaque.

Nous avons établi notre colonne à demi-distance, parce que, à notre avis, la colonne serrée en masse a l'inconvénient d'annihiler l'officier par la confusion forcée des subdivisions, et, ce qui est bien plus grave, de faire réagir sur toute la colonne l'insuccès de la tête. — Sans doute, la colonne à demi-distance est moins bien dans la main de son chef ; mais c'est là un inconvénient qui perd beaucoup de sa gravité, si l'on observe que, par suite du perfectionnement de l'artillerie, la profondeur des colonnes se trouve forcément réduite, et dès lors, en admettant que la colonne d'un bataillon soit le cas général, nous serons presque tenté de considérer comme un avantage pour la tactique nouvelle ce que l'ancienne pouvait considérer avec raison comme un grand défaut.

Quant à la formation par groupes, outre qu'elle permet d'offrir un front moindre aux feux de l'ennemi et de donner aux subdivisions la force par la profondeur lorsqu'elles doivent être compactes, il est déjà constaté qu'elle convient mieux que toute autre à la guerre de tirailleurs ; or, toute colonne d'attaque est appelée à donner tantôt en masse, tantôt en tirailleurs ou même sous ces deux formes à la fois. En effet, au moment d'engager l'action, on connaît rarement d'une manière exacte la position et les dispositions de l'ennemi. — Il importe donc de le tâter et de sonder le terrain sur lequel la colonne va s'engager. — A cet effet, une des deux compagnies de réserve, celle des grenadiers, par exemple, se déploie en tirailleurs en grande bande, s'avance au pas de course jusqu'à cent cinquante ou deux cents pas de l'ennemi, et ouvre son feu.

Cependant la colonne s'avance en bon ordre, accélérant naturellement son allure à mesure qu'elle approche, et réglant ses mouvements sur ceux des grenadiers, dont l'attitude doit indiquer s'il convient d'attaquer de front ou sur les flancs.

Au moment où la colonne arrive sur les grenadiers, ceux-ci cessent le feu, prennent la tête du mouvement et tous s'élancent au pas gymnastique, sauf la compagnie de voltigeurs qui reste en réserve. — Comme on le voit, le rôle du chef de bataillon n'est ni très important, ni très compliqué dans cette opération ; mais où le coup d'œil et le sang-froid lui deviennent indispensables, c'est pour disposer de sa réserve. — Peut-être est-ce à ce moment suprême de la bataille de Solferino qu'il faudrait se reporter pour découvrir le secret d'une victoire que le vulgaire a si gratuitement attribuée au hasard ; — et par vulgaire, il faut bien le dire, nous n'entendons pas seulement ici le *vulgare pecus*, ce troupeau imbécile toujours prêt à patauger dans les bourbiers où l'entraînent la sottise et l'envie, — mais encore tous ceux, et le nombre en est grand, même dans l'armée, pour qui la réserve n'est autre chose qu'une masse inerte destinée à compléter les fonds de tableaux de batailles. La réserve, au contraire, doit autant que possible, agir en offensive; même dans le cas de défensive pour reprendre l'offensive ; même dans le cas de retraite par des retours offensifs.

Les chefs d'armée qui font de leurs réserves des troupes défensives sont ceux qui livrent des batailles pour avoir l'occasion d'opérer des retraites savantes ; mais les grands capitaines, ceux qui s'attachent à remporter des victoires utiles, en agissent tout différemment.

En France, particulièrement, la réserve doit servir de base au système d'offensive quand même, dont la brochure *l'Art de combattre l'armée française* attribue l'initiative au maréchal Bugeaud.

Tant qu'à prêter à si riche, nous eussions, à sa place, étendu nos dons à plus riche encore, à Napoléon Ier par exemple, qui avait trop bien su s'identifier avec notre tempérament national pour n'en avoir pas fait vibrer la corde la plus sensible.

Quoi qu'il en soit, deux exemples mémorables compléteront mieux que tous les renseignements notre pensée sur ce sujet : Magenta et Solferino.

A Solferino, un général autrichien eût certainement

pris ses dispositions pour protéger la retraite là où Napoléon a fait battre la charge à ses voltigeurs ; de même que les réserves autrichiennes ont assisté l'arme au bras au tiraillement intempestif des troupes chargées de passer sur le corps de Niel, dans la même situation où Mac-Mahon avait lancé sur le village de Magenta les treize bataillons de la garde, dont l'apparition étonna tellement l'ennemi, qu'il ne songea même plus à résister.

IV

Nous avons effleuré tous les points saillants de la partie critique de la brochure *l'Art de combattre l'armée française* ; il nous reste maintenant à examiner si elle remplit les conditions nécessaires pour atteindre le but qu'elle se propose.

A vrai dire, cette partie de l'ouvrage nous semble bien restreinte ; — elle se résume en ces quatre maximes :

« I. — Employer les tirailleurs par colonnes d'une compagnie ;

» II. — Par ce moyen, augmenter la mobilité de l'infanterie prussienne et lui ouvrir un champ libre ;

» III. — Disposer l'armée en profondeur plutôt qu'en largeur, ce qui augmente la force de résistance des flancs et empêche la consomption rapide des forces ;

» IV. — Disposer l'armée plutôt en échelons qu'en échiquier, ce qui est le meilleur moyen d'appuyer et de soutenir l'attaque impétueuse des tirailleurs lancés au pas de course et à la baïonnette. »

D'un autre côté, à cette question qu'elle s'était posée : « Quel sera notre sort, le sort des Prussiens, dans une guerre contre la France ? » La brochure répond : « Nous pouvons la vaincre et nous la vaincrons à coup sûr, si nous savons nous détacher en temps de guerre de la routine de la place d'armes, des exigences du règlement et de notre système de tirailleurs. »

Si les Prussiens savaient tout cela, il est probable qu'il leur resterait encore bien du fil à retordre, pour nous servir d'une expression vulgaire ; mais, du reste, ils ne le sauront jamais, à moins de changer de nature. Or, l'art peut bien chasser momentanément le naturel ; mais, quelque parfait qu'il puisse être, il ne lui appartient pas de le modifier au point de l'empêcher de revenir à un moment donné. On n'empêchera pas plus l'Allemand de tirailler en rencontrant l'ennemi, que le Français de lui courir sus. Et si nous considérons que toute troupe qui s'arrête pour tirailler lorsqu'elle doit marcher, est une troupe annihilée, sinon vaincue, ce sera pour nous une grande satisfaction de voir *l'Art de combattre l'armée française* enseigner aux Prussiens à se masser au lieu de se déployer ; car alors notre artillerie, si heureusement modifiée, pourra faucher à son aise leurs masses inintelligentes, et nos colonnes n'en auront que moins de peine à les culbuter.

C'est que la guerre d'offensive exige plus d'intelligence que de mémoire, de nature que d'acquit, de génie que d'art.

Or, le soldat français, à quelque échelon qu'il appartienne, ne sait pas seulement attaquer ou se défendre de la manière qui convient à la situation où il se trouve ; mais encore il possède le coup d'œil qui fait reconnaître instantanément la position importante à enlever ou à tenir. En un mot, il unit un certain instinct stratégique au tempérament qui sied à la meilleure tactique.

A la fin de la campagne de Crimée, les Anglais, copiant notre tactique, l'avaient singulièrement perfectionnée. Au champ de manœuvres, leurs soldats couraient incomparablement mieux que les nôtres, franchissaient des obstacles qui les eussent rebutés, et les surpassaient dans tous les exercices du corps ; mais, une fois en présence de l'ennemi, tout obstacle qu'ils ne pouvaient franchir, suivant la formule, les arrêtait, parce qu'il ne leur venait pas à l'idée de chercher à le tourner.

Nous n'avons pas encore eu l'honneur de voir les Prussiens à l'œuvre ; mais, à en juger par les apparences, il est permis de supposer qu'ils ont plus d'analogie avec les Anglais qu'avec les Français, et s'il en fallait une preuve, nous n'irions pas la chercher ailleurs que dans la brochure *l'Art de combattre l'armée française.* Nous citerions simplement le cri de guerre qui termine cette conclusion :

« Si l'armée française actuelle est peut-être meilleure encore, et, en tout cas, plus nombreuse que les fiers débris de celle que nous avons vaincue en 1813, 1814 et 1815, nous devons retrouver les mêmes avantages.

» Eh bien ! nous écrions-nous :

» *Beaucoup d'ennemis ! beaucoup d'honneur !* Que le cri de *en avant !* de l'armée française soit étouffé par celui-ci :

» *Vondarts und drauf für Kœnig und Vaterland* (1).»

(1) En avant ! et sus à l'ennemi, avec l'aide de Dieu, pour le **Roi** et la patrie.

En avant! est un cri de guerre ; *Vóndarts und drauf für Kœnig und Vaterland* est un discours.

Le temps que les Prussiens perdront à parlementer, les Français ne manqueront pas de l'employer à marcher, et les Français vont vite en pareil cas ; or il est permis de supposer qu'ils ne ralentiront pas leur allure lorsqu'il s'agira d'aller se mesurer avec les fils des héros qui achevèrent si glorieusement leurs pères abattus par des climats meurtriers.

CONCLUSION.

Les Prussiens feraient sagement, par les temps de remaniement de carte qui courent, de renoncer à chercher *beaucoup d'honneur* en combattant beaucoup de Français.

POST — SCRIPTUM.

On a dit de certaines lettres que la meilleure manière de les lire était de commencer par le post-scriptum. — On en pourrait dire autant de tous les écrits qui ont une pilule quelconque à dorer ; et plus la pilule est grosse et suspecte d'amertume, et plus vivement se fait sentir le besoin de l'envelopper de circonlocutions.

Voilà pourquoi nous plaçons ici ce post-scriptum, bien qu'il ne soit pas précisément fait pour la préface, mais pour le livre entier.

Certes, il n'y a pas d'art plus attrayant, au fond, que l'art militaire ; mais la forme en est parfois ingrate, et surtout quand il s'agit d'en acquérir les premières notions.

C'est là une opinion si généralement accréditée, que, parvînt-on même, ce qui nous semble difficile, à donner à ces premières notions une tournure agréable, il resterait encore à vaincre une difficulté bien plus grande, à notre avis, celle de laver du péché originel l'intéressant écrit.

Comme on le voit, si nous n'avons pas reculé devant l'ingratitude d'exécution d'un tel travail, ce n'est pas que nous nous soyons jamais dissimulé son peu de chances de succès ; — et personne moins que nous, du reste, n'avait le droit de se faire illusion à cet égard ; car nous le confesserons en toute naïveté, nous avons été longtemps de ceux à qui l'étude des théories inspire une répugnance instinctive.

Le diable s'est donc fait hermite ; mais il a trop présent le souvenir de ses vieux péchés pour ne pas éprouver le besoin d'amuser un peu ses anciens compagnons aux bagatelles de la porte, avant de les stimuler à le suivre dans la nouvelle voie qu'il essaye de leur tracer.

De tous les stimulants, du reste, que nous puissions leur offrir, celui qui résulte de la comparaison suivante nous a paru le plus propre à les prendre par leur faible, en même temps qu'à préciser le but que nous nous sommes proposé de poursuivre dans cette étude.

Après avoir tourné, retourné, lu, relu ; disons mieux : après avoir on ne peut plus soigneusement étudié les théories actuellement en vigueur, l'homme le plus intelligent, s'il n'a le génie de la guerre, est embarrassé parfois pour manier quatre hommes et un caporal ; souvent pour faire mouvoir un bataillon, et presque toujours pour placer convenablement une division.

Pourquoi ? — Parce que ces théories contiennent des formules, puis des formules, encore et toujours des formules. Mais de manière de s'en servir. Point.

Or, quand on a, comme nous, absorbé son coefficient d'algèbre, on en tire volontiers cet enseignement : qu'il en est de la formule comme de la vertu, c'est-à-dire, qu'il en faut, mais que pas trop n'en faut.

En conséquence, au lieu de nous appliquer comme tant d'autres, à replâtrer le vieil édifice, nous le laissons tranquillement crouler sous l'impuissance de ses innombrables formules, et nous en construisons un tout neuf, — bon ou mauvais, — sur des bases diamétralement opposées.

Au lieu de faire pivoter indéfiniment les soldats sans rime ni raison, nous faisons aboutir tous leurs mouvements à l'action ; — au lieu d'un champ de Mars en carton où l'on se prend toujours à frémir à la pensée qu'il pourrait se trouver des ennemis assez barbares pour troubler l'économie d'aussi beaux alignements, nous en imaginons un où, à défaut de l'ennemi, son idée est toujours présente ; où constamment on le voit à droite, à gauche, derrière, devant, partout ; où, le plus souvent, on l'attaque vivement ; où parfois on sait l'attendre ; et où, dans tous les cas, on ne serait ni surpris ni troublé en le voyant déboucher.

Voilà pour l'idée. — Quant à la manière de la rendre, le volume de ce livre est là pour attester que nous nous sommes appliqué tout particulièrement à la résumer.

Et maintenant, que ceux à qui le cœur n'a pas encore

failli nous suivent aussi gaiement que le permettent les aspérités du chemin.—Si notre but est atteint, une lecture attentive doit suffire à mettre l'intelligence la plus vulgaire à même d'occuper convenablement tous les grades dont les attributions sont définies dans cette étude.

Il est vrai de dire qu'une lecture comporte plusieurs degrés d'attention, et c'est pour obtenir celui dont nous avons besoin, qu'en fin de compte, nous renonçons à joindre à cette publication quelques figures destinées à en faciliter l'étude.

Il est bien rare, en effet, qu'on accorde une autre attention que celle des yeux aux ouvrages munis de figures à l'appui du texte, et comme, par lecture attentive, nous entendons celle qui se fait, sinon avec énormément d'esprit, du moins avec celui qu'on possède, nous avons préféré lui laisser un peu plus d'occupation.

On vous lira moins volontiers, nous dit-on. — Soit. — Nous avons à cet égard une manière de voir, très paradoxale peut-être, mais dont nous espérons ne jamais nous départir : c'est qu'en fait de lecteurs, la qualité doit toujours l'emporter sur la quantité.

LA
TACTIQUE FRANÇAISE

RÉDUITE

A SA PLUS SIMPLE EXPRESSION PRATIQUE.

———

ÉTUDE

SUR LES ÉVOLUTIONS DES UNITÉS TACTIQUES (BATAILLON ET DIVISION)

POUR SERVIR DE TRAIT D'UNION

ENTRE LE CHAMP DE MARS ET LE CHAMP DE BATAILLE.

———

AVANT-PROPOS.

« Les manœuvres actuelles ne peuvent, sans un grand danger, être faites devant l'ennemi...en les employant, il arrivera ce qui est arrivé cent fois, *le massacre des bataillons...*Ces manœuvres sont funestes aussi parce que leur étude distrait de l'étude véritablement guerrière; elles sont tellement confuses qu'un officier qui parvient à les faire exécuter avec quelque précision passe pour un homme habile. — Il y a des généraux qui n'ont eu d'autre mérite, et qui ont fait battre les troupes qu'ils savaient faire manœuvrer dans un champ de Mars, mais qu'ils étaient incapables de conduire contre l'ennemi; parce que leur tête n'était pleine que de formules, et que, contenus dans leur vain savoir, ils n'avaient jamais songé à acquérir la véritable science de la guerre… *Il faut réduire l'ordonnance à quelques pages* et rejeter tout ce qui est dangereux ou tout au moins inutile, ne garder que ce qui est applicable à la guerre et, au lieu de fausser l'esprit des officiers et de charger leur mémoire par une mauvaise étude, faire en sorte qu'ils n'appliquent leur attention que sur ce qu'il faut pour obtenir des succès, que sur ce qu'il faut faire sur le champ de bataille pour arracher la victoire, ou du moins ne pas être défait. Une réforme semblable trouvera une grande contradiction, je le sais, il y a tant d'officiers qui n'ont d'autre mérite que celui de l'*ordonnance*, qui ont pour elle une véritable adoration et qui se verraient avec chagrin contraints de négliger la science qu'ils admirent, parce qu'ils l'ont acquise avec peine, pour apprendre ce qui est réellement et seulement utile à la guerre. Ces bonnes gens s'imaginent de bonne foi que la limite de leur savoir est celle des connaissances et de l'intelligence humaines; qu'on est très habile et très capable de bien faire la guerre, quand on sait placer des guides et commander un déploiement. »

(MORAND, l'Armée selon la Charte.)

C'est en 1826 que le général Morand lançait cette pierre dans les rangs de l'Armée selon la Charte. — Eh bien! nous n'aurions pas encore aujourd'hui beaucoup à nous baisser pour la ramasser; car, il faut bien le reconnaître, si l'armée française brille par son initiative sur le champ de bataille, il n'en est pas de plus routinière au champ de Mars, et nous n'avons été nullement surpris en voyant, naguère encore, un écrivain militaire allemand comparer « notre *ordonnance* à ces livres de cuisine qui contiennent une recette détaillée pour chaque plat, mais pas un mot sur l'ensemble de l'art culinaire. »

Chacun prend ses comparaisons où il les trouve. Nous n'eussions probablement jamais songé à celle-là ; toutefois pour ne pas rester en arrière de nos bons voisins d'outre-Rhin, même en matière de comparaisons, nous emprunterons à un autre art, à la musique, un parallèle avec l'ordonnance actuellement à l'essai.

Cette nouvelle ordonnance nous a produit l'effet d'une série de tours de force dans le genre de ceux auxquels se livrent ces virtuoses qui, blasés sur leur propre talent, n'attachent plus d'importance qu'à certaines difficultés vaincues, et prennent en un souverain mépris les principes ordinaires d'harmonie, de mélodie, etc., etc. Tel, par exemple, un ténor qui poserait en principe que l'*ut* de poitrine est le but auquel doivent tendre tous les gosiers.

Quel effet produirait une telle école ?

Parmi les adeptes bientôt époumonés, les uns, les entêtés et les naïfs, finiraient par y perdre les dons les lus précieux de la nature ; tandis que les autres, ceux que le dégoût aurait saisis, ne voudraient plus reconnaître d'autres règles que leurs fantaisies.

Ainsi de nos officiers, dont quelques-uns ont la faiblesse de fausser leur esprit, suivant la courtoise expression du général Morand, à chercher le fil d'Ariane d'un dédale qu'on semble s'attacher à obscurcir à plaisir, et dont la plupart, pour une raison ou pour une autre, par leur faute ou, comme nous le pensons, par celle de l'*ordonnance*, en viennent promptement à se dire : Qu'importe ! Qu'avons-nous besoin de toutes ces futilités ? Quelles que soient nos manœuvres, ne sommes-nous pas accoutumés de vaincre ?

Sans doute ; mais aussi, au prix de quels sacrifices !

Eh bien ! quand on a le bonheur de commander à des soldats tels que les nôtres, ce n'est pas seulement d'une victoire assurée d'avance, pour peu que la direction générale soit habile, que les officiers doivent se préoccuper, mais encore de la plus grande conservation possible des braves gens qui l'enchaînent à notre drapeau.

Telles sont les considérations qui nous amènent à chercher la plus simple expression de la tactique qui convient le mieux au tempérament français.

Réussirons-nous à la trouver ?

Il y aurait une intolérable prétention à répondre affirmativement ; aussi ne le ferons-nous qu'indirectement, en exprimant l'espoir de voir descendre, à notre exemple, de plus éloquens dans l'arène.

ÉVOLUTIONS DU BATAILLON.

INTRODUCTION.

Au lieu de huit pelotons, l'organisation du bataillon telle que nous l'entendons comportera quatre divisions dont une de réserve (grenadiers et voltigeurs).

Quoique legère en apparence, la différence que nous établissons entre ces deux organisations est radicale en réalité. C'est, en terme général, la différence de l'ordre profond à l'ordre mince, et, dans le cas particulier, de la colonne à la ligne déployée, improprement appelée ligne de bataille.

Le système actuel consiste à prendre, pour point de départ, le bataillon déployé et à aboutir presque toujours au déploiement, quelquefois au carré et très rarement à la colonne, du moins pour l'action.

Avec le système de l'ordre profond, au contraire, nous prendrons pour point de départ la colonne, et nous aboutirons le plus souvent à la colonne; parfois au déploiement en tirailleurs et au carré ; et le plus rarement possible, au déploiement en ligne.

Un exemple, que nous avons été presque tous à même d'apprécier, établira bien mieux que tous les raisonnements que nous pourrions faire, la différence essentielle des deux systèmes en général.

Durant presque tout le siége de Sébastopol, la garde de nos tranchées était établie d'après les principes de l'ordonnance actuelle, c'est-à--dire en ordre mince. Ainsi, par exemple, à l'attaque de gauche les neuf bataillons de service étaient tous placés, sans en excepter même celui des tirailleurs, le long de la parallèle la plus avancée, de sorte que si l'ennemi, au lieu d'exécuter des petites sorties nocturnes de 100 à 200 hommes qui n'avaient généralement d'autre but que de nous tenir sur le qui-vive, si l'ennemi, disons-nous, s'était avisé de lancer, pendant le jour, des colonnes d'un bataillon ou même d'un demi-bataillon avec mission de démolir telle ou telle batterie, non-seulement il eût été moralement et matériellement impossible de leur opposer une résistance immédiate, mais encore d'arriver à temps pour les empêcher de mener leur mission à bonne fin et même pour leur faire essuyer une perte sérieuse.

Ainsi, l'on a fait grand bruit de l'affaire du 42°. Il eût été convenable de le faire pour célébrer la vaillance de l'officier enlevé, qui s'est fait hacher plutôt que de se rendre ; mais il a été souverainement injuste d'en parler autrement, car, nous le répétons, la résistance était impossible.

On a dit, avec une grande autorité, que le mot impossible devait être rayé du vocabulaire du soldat français. Nous sommes parfaitement de cet avis, mais à la condition de le faire battre à la française, or, la défensive passive n'est pas une action à la française. L'offensive, au contraire, c'est notre élément.

L'offensive est la chevelure de Samson du troupier français ; l'en priver, c'est lui enlever tous ses moyens ; aussi, sauf les cas particuliers de positions à garder à tout prix, doit-on lui laisser le champ libre pour prendre son élan. De là cette conséquence que l'ordre mince ne saurait nous convenir en principe, et qu'il serait rationnel de le remplacer, dans l'*ordonnance*, par l'ordre profond auquel, du reste, on eut presque toujours recours, en dépit de nos vaines théories, sur les champs de bataille de la République et du premier Empire, aussi bien que sur ceux auxquels la gloire de nos armes vient d'emprunter un nouvel éclat.

Pour en revenir à notre comparaison, nous prétendons et nous espérons pouvoir démontrer que, non-seulement sur le champ de bataille, où nous avons l'habitude d'être en offensive, mais encore dans le cas essentiellement défensif de la garde des tranchées, l'ordre profond est préférable en tous points à l'ordre mince.

En effet, supposons qu'au lieu de placer les neuf bataillons de garde à l'attaque de gauche, le long de la parallèle la plus avancée, on les dispose de la manière suivante : le bataillon de tireurs aux créneaux pendant la journée seulement ; six bataillons occupant les tranchées et deux bataillons de réserve au clocheton. Chacun des six bataillons de garde directe déploie deux compagnies dans la tranchée la plus avancée; chacune de ces compagnies en a, pour soutien, une autre placée dans une tranchée intermédiaire derrière son centre et à portée des batteries les plus importantes; enfin, dans une place d'armes située dans la première parallèle ou même en dehors des tranchées, les quatre autres compagnies constituent la réserve du bataillon.

Les troupes étant ainsi placées, les tirailleurs se replient, en cas d'attaque, sur la compagnie de réserve correspondante qui tient la position et est immédiatement soutenue par le demi-bataillon de réserve directe, puis par la réserve générale si l'attaque est isolée.

Dans le cas d'attaques simultanées, la réserve générale se tient prête à marcher au secours du point le plus menacé ou à reprendre l'offensive contre l'assaillant dans les conditions qui sembleraient les plus avantageuses au commandant de la garde, lequel peut également, suivant les circonstances, déplacer les réserves partielles de demi-bataillons.

Nous n'insisterons pas davantage, laissant à quiconque a suivi les opérations de ce siège mémorable le soin d'apprécier les avantages qui auraient pu résulter de ces dispositions, et, entre autres, ceux de n'exposer constamment que les tirailleurs et leurs réserves immédiates, c'est-à-dire l'équivalent de trois bataillons au terrible feu de la place et aux fatigues inouïes d'une telle garde; de n'obliger jamais à dégarnir les autres parties de la tranchée pour défendre le point attaqué; et enfin de permettre de lancer immédiatement des colonnes toutes formées et qui arrivent, par conséquent, avec une rapidité qu'il serait puéril d'attendre de troupes disséminées dans les conditions déplorables dont nous venons de parler.

Et maintenant que nous avons suffisamment établi la différence des deux systèmes de l'ordre mince et de l'ordre profond, nous ne faisons aucune difficulté de reconnaître que les auteurs du premier en ont tiré le meilleur parti possible; c'est ainsi que, prenant le déploiement pour base, ils ont commencé par le réduire à un seul ordre, à savoir : grenadiers à la droite, puis 1re, 2e, 3e, 4e, 5e, 6e et voltigeurs.

Nous en agirons de même avec la colonne qui doit nous servir de base et, au lieu de l'infinité de colonnes que l'on connaît: colonnes par division, par peloton, par section, etc......, colonnes à distance entière, demi-distance, serrées en masse, etc...., colonne simple et colonne double, nous n'en admettrons qu'une seule, la *colonne double à demi-distance,* que nous appellerons simplement *la colonne.*

Nous diviserons, comme nous l'avons déjà dit, le bataillon en quatre divisions, et chaque division en deux pelotons ; en outre, et ceci est une particularité qui, lors même qu'elle serait inadmissible, n'influerait en rien sur le système général, nous formerons le peloton par groupes de quatre hommes et non plus par files de deux, les groupes voisins conservant entre eux l'intervalle de la file qui ne devra jamais rentrer en ligne que dans le cas de déploiement du bataillon.

Nous trouvons à cette formation de grands avantages, et entre autres ceux : 1° d'éviter ces perpétuels doublements et dédoublements de files qui sont une préoccupation constante pour le soldat et une cause permanente de désordre, attendu que les troupes les mieux exercées les exécutent toujours fort mal ; 2° de faciliter extraordinairement les alignements qui font de nos manœuvres actuelles une longue criaillerie ; 3° de donner naturellement au peloton, par la profondeur des groupes, une consistance reconnue, sinon indispensable, du moins très avantageuse par tous les tacticiens ; 4° enfin, de donner au soldat l'aisance dans le rang et au peloton l'élasticité ; deux qualités précieuses si l'on considère que la vraie question en fait de tactique, consiste en définitive à faire arriver, dans l'armée, chaque division et, dans la division, chaque bataillon le plus rapidement et le plus convenablement, c'est-à-dire avec le moins de fatigue possible au point qu'ils doivent occuper pour l'action. Or, c'est là le but vers lequel nous tendons.

Nous diviserons les évolutions du bataillon en quatre parties qui contiendront : la première, les mouvements de marche ; la deuxième, les mouvements offensifs ; la troisième, les mouvements défensifs ; et la quatrième, les mouvements intermédiaires.

Nous avions tout d'abord imaginé une cinquième partie traitant des mouvements de parade, c'est-à-dire de tout ce qui est spécial au Champ-de-Mars ; mais nous avons ensuite réfléchi que cette spécialité même la plaçait en dehors de notre sujet, et comme nous n'y attachons, du reste, pas assez d'importance pour préférer un système quelconque à celui en vigueur, nous nous bornerons à lui emprunter quelques observations relatives au maniement d'armes et aux feux.

En ce qui concerne le maniement d'armes, nous le réduirons aux mouvements suivants : mettre la baïonnette au canon et la remettre au fourreau ; reposer sur l'arme et la placer sur l'une ou l'autre épaule.

Nous supprimerons le port d'armes tel quel, et nous le remplacerons, dans les colonnes aux pas de charge et gymnastique, par celui du fantassin en garde contre la cavalerie dans l'instruction relative à l'escrime à la baïonnette ; enfin les tirailleurs au pas de course porteront l'arme horizontale dans l'une ou l'autre main pendante.

Dans les manœuvres, ces mouvements s'exécuteront : les derniers aux commandements de *pas de charge, gymnastique et de course ;* au commandement de *fixe,* on reposera sur l'arme et on la portera sur l'épaule droite à celui de *guide à gauche,* et réciproquement. S'il n'y a pas lieu d'indiquer le guide, l'arme se portera sur l'épaule droite, au commandement de *marche.*

A ce propos, nous ferons observer que, dans les alignements, nous remplacerons le commandement de *à gauche, alignement* par celui de *guide à gauche, alignement,* pour que les hommes portent l'arme sur l'épaule opposée, s'ils ne l'avaient déjà.

Ajoutons, avant de passer à la question des feux, qu'on ne devra mettre la baïonnette au canon que dans les formations pour le combat.

La seule chose importante, à notre avis, pour les feux d'ensemble, qu'ils s'appellent feux de file, feux par rang, feux de peloton, de demi-bataillon ou de bataillon, la seule chose importante, c'est de ne s'écarter jamais du tir horizontal, et de proscrire impitoyablement le tir direct à longue portée.

Depuis quelque temps on s'est laissé aller à un engouement irréfléchi, pour ne pas dire extravagant, pour les armes à longue portée, et il ne se passe pas de jour que nous n'entendions déplorer, par ceux-là même qui devraient être les plus compétents, l'absence de hausses sur les armes de l'infanterie.

Nous devons donc grandement nous réjouir qu'il se soit trouvé, en haut lieu, une volonté assez ferme pour résister à l'entraînement général, car c'eût été là une faute capitale.

Nous n'avons déjà que trop d'armes à longue portée. Qu'on perfectionne donc encore, si l'on veut ou mieux si l'on peut, nos armes de précision ; qu'on invente des petits calibres, surtout pour les corps spéciaux de tireurs, auxquels on a, par la plus étrange anomalie, marchandé le tir en alourdissant leurs munitions ; qu'on garde un certain nombre d'armes à longue portée pour intimider l'ennemi et pour apprécier les distances ; soit. Mais qu'on prétende ériger la hausse en juge suprême du champ de bataille ! en vérité, c'est apporter par trop de bon vouloir à se laisser leurrer.

Nous disons leurrer, parce qu'en inspirant au soldat une confiance qu'il ne saurait justifier, le tir à longue portée aboutirait infailliblement à ce résultat de faire jeter, c'est le cas de le dire, beaucoup de poudre aux moineaux, et de laisser les lignes dégarnies de feu pour le moment où il pourrait avoir de l'efficacité.

A ce propos, on dit encore volontiers que le rôle de la cavalerie est fini à cause des progrès du tir ; c'est là une grave erreur. Sans doute, le développement de la culture et la légèreté toujours croissante de l'artillerie ont grandement influé sur les destinées de cette arme ; mais l'effet du tir à longue portée est à peu près nul dans cette question, et la raison toute simple en est qu'une balle lancée à 1000 mètres, par exemple, ne peut atteindre l'ennemi qu'aux deux extrémités de sa trajectoire, tandis que la balle lancée horizontalement peut le rencontrer non-seulement dans presque tout son parcours direct, mais encore dans celui de ses ricochets : ce qui établirait, à peu près entre l'efficacité du tir horizontal et celle du tir à longue portée, une proportion de 200 à 1.

Il sera donc toujours sage, à notre avis, d'ouvrir ses feux de peloton ou de file à la distance de 400 à 500 pas contre l'infanterie, et de recevoir la cavalerie, soit par un seul feu de bataillon ou de face à 100 pas, soit par deux feux de demi-bataillon ou par rang, l'un à 150 ou 200, et l'autre à 40 ou 50 pas.

2

DIVISION DES ÉVOLUTIONS DU BATAILLON
EN QUATRE PARTIES.

PREMIÈRE PARTIE. — *Mouvements de marche.*
DEUXIÈME PARTIE. — *Mouvements offensifs.*
TROISIÈME PARTIE. — *Mouvements défensifs.*
QUATRIÈME PARTIE.— *Mouvements intermédiaires.*

PREMIÈRE PARTIE.

ART. 1. — Mettre la colonne en marche.
— 2. — Serrer et reprendre les intervalles.
— 3. — Marcher par le flanc des pelotons.
— 4. — Faire rentrer les pelotons en ligne.
— 5. — Changer de direction.
— 6. — Faire les à-droite, les à-gauche et les demi-tours en marchant
— 7. — Arrêter la colonne et l'aligner.
— 8. — Marcher en arrière.

DEUXIÈME PARTIE.

ART. 1. — Former la colonne d'attaque.
— 2, — Disposer la colonne d'attaque face à droite (ou à gauche).
— 3. — Disposer la colonne d'attaque face en arrière.
— 4. — Attaquer en colonne compacte.
— 5. — Prendre les dispositions pour attaquer en tirailleurs.
— 6. — Prendre les dispositions pour attaquer en tirailleurs sur l'un ou
l'autre flanc de l'ennemi.
— 7. — Prendre les dispositions pour attaquer en tirailleurs sur les deux
flancs de l'ennemi.
— 8. — Attaquer en tirailleurs.

TROISIÈME PARTIE.

ART. 1. — Marcher en ligne déployée en avant, en arrière et vers la droite
(ou à gauche).
— 2. — Changement de direction de la ligne déployée.
— 3. — Arrêter le bataillon et l'aligner.
— 4, — Changer de front à droite (ou à gauche) et en arrière.
— 5. — Passer de la ligne déployée au carré sur quatre rangs.
— 6. — Déployer le carré.
— 7. — Passer de la ligne déployée au carré oblique.
— 8. — Déployer le carré oblique.

QUATRIÈME PARTIE.

— 1. — Passer de la colonne au carré sur quatre rangs.
— 2. — Passer du carré sur quatre rangs à la colonne.
— 3. — Passer de la colonne au carré oblique.
— 4. — Passer du carré oblique à la colonne.
— 5. — Déployer la colonne face en avant.
— 6. — Déployer la colonne face à droite ou à gauche.
— 7. — Déployer la colonne face en arrière.
— 8. — Passer de la ligne déployée à la colonne.

PREMIÈRE PARTIE.

MOUVEMENTS DE MARCHE.

Observations préliminaires. — Nous avons divisé la colonne en quatre divisions et chacune de celles-ci en deux pelotons ; — peut-être eût-il été plus juste de dire qu'elle contient trois divisions et deux pelotons de réserve, parce que ces pelotons ne forment, en réalité, division que pour la marche et les manœuvres proprement dites, et que, le moment de l'action venu, ils agissent toujours indépendamment l'un de l'autre.

Quoi qu'il en soit, nous allons constituer définitivement cette colonne : — à quatre pas devant le centre de chaque division est placé le capitaine qui la commande, et, à deux pas devant le centre de chaque peloton, se trouvent le deuxième capitaine et le lieutenant du chef de division ; — au premier rang, entre les deux pelotons, marche le deuxième lieutenant ; — chaque division sera toujours encadrée par ses guides de droite et de gauche, et l'intervalle de ses groupes déterminé par une longueur de bras ; — l'adjudant-major et l'adjudant seront placés, comme à présent, à quatre pas sur le flanc des divisions extrêmes du côté du guide.

Observons, en passant, que, par rapport au déploiement de la colonne, le demi-bataillon de droite se trouve formé la gauche en tête et réciproquement, ce qui permet au chef de bataillon de placer le guide à droite ou à gauche suivant sa convenance, toutes les fois qu'il n'a pas à compter avec les exigences des opérations auxquelles il prend part.

Ajoutons enfin que, dans les mouvements dont nous allons nous occuper, nous supposerons toujours le bataillon éclairé par les chasseurs à pied et à cheval.

ART. 1er.

Mettre la colonne en marche.

Commandements du chef de bataillon.	*Commandement des chefs de division.*
1. Colonne en avant.	
2. Guide à gauche (ou à droite).	
3. Marche.	Marche !

Au premier commandement, l'adjudant-major donnera la direction aux guides ; du reste, une fois pour toutes, sauf dans quelques cas exceptionnels que nous aurons soin d'indiquer, l'adjudant-major se comportera d'après les prescriptions de l'ordonnance actuelle : Nous nous dispenserons donc de le faire intervenir dans chaque mouvement.

Au deuxième commandement, les hommes porteront l'arme sur l'une ou l'autre épaule, suivant les indications antérieures.

Au troisième commandement, la colonne se mettra en marche, l'homme du premier rang de chaque groupe observant de maintenir à peu près son intervalle du côté du guide, et les trois autres hommes marchant exactement dans les traces du premier.

ART. 2.

Serrer et reprendre les intervalles.

Commandements du chef de bataillon ou des chefs de division.

1. Serrez vos intervalles.

A ce commandement, les groupes serreront insensiblement sur les guides, suivant le degré de rétrécissement de la voie parcourue ; l'inverse a lieu au commandement de *reprenez vos intervalles.* Si les groupes ont appuyé de façon à sentir le coude, c'est-à-dire si la division n'occupe plus que l'étendue du front d'un peloton, et que la voie se rétrécisse encore, le chef de bataillon fera marcher la colonne par le flanc des pelotons, soit à son commandement, soit à celui des chefs de division : c'est ce qui fera l'objet de l'article 3.

ART. 3.

Marcher par le flanc des pelotons.

Commandements du chef de bataillon ou des chefs de division.

1. En avant par le flanc des pelotons. — 2. Bataillon par le flanc gauche et le flanc droit, marche.

Au premier commandement, les chefs de peloton préviendront leurs pelotons : ceux de droite, qu'ils doivent faire par le flanc gauche et par groupe à droite ; et ceux de gauche, par le flanc droit et par groupe à gauche.

Au deuxième commandement, les pelotons exécuteront les mouvements prescrits, en observant de laisser entre eux, au moins un pas d'intervalle pour les serre-files. A cet effet, le groupe de gauche des pelotons de droite et celui de droite des pelotons de gauche ne font point par le flanc ; leur quatrième homme marche droit devant lui, et les trois autres obliquent, ceux des pelotons de droite à droite, et réciproquement. Chaque chef de peloton se placera à côté de son guide, et le chef de division à deux pas sur le flanc, à droite ou à gauche de son lieutenant.

Si la colonne est de pied ferme, on la mettra en marche par le flanc de la même façon. Du reste, ce sera la manière habituelle de voyager de la colonne sur les routes ordinaires, dont chaque demi-bataillon occupera un côté, tandis que les serre-files suivront la chaussée.

ART. 4.

Faire rentrer les pelotons en ligne.

Commandements du chef de bataillon ou des chefs de division.

1. Par peloton en ligne. — 2. Marche. — 3. Guide à gauche.

Au commandement de marche, chaque peloton exécutera son mouvement, et la colonne se trouvera naturellement reformée par division.

ART. 5.

Changer de direction.

Commandement du chef de bataillon.	*Commandements des chefs de division.*
1. Tête de colonne à droite (ou à gauche).	
	1. Tournez à droite (ou à gauche).
	2. En avant.
	3. Guide à droite (ou à gauche).

Pour faire changer de direction à la colonne, nous prendrons un terme moyen entre les deux manières actuellement employées. La conversion telle quelle fait perdre trop de temps, et le mouvement opéré du côté du guide exige une trop grande rapidité de la part de l'aile marchante.

Par le mouvement que nous adoptons et qui sera unique, on opérera comme si l'on changeait toujours de direction du côté du guide. Seulement, au lieu de conserver la même allure à ce guide, ce sera l'aile marchante qui n'en changera pas, tandis que l'autre fera le pas d'un pied.

Les intervalles des groupes faciliteront beaucoup ce mouvement en permettant à chacun d'eux de se porter, suivant une ligne droite, sur le point qu'il **devra** occuper dans la nouvelle direction. A cet effet, au commandement de tournez à droite, du chef de division, l'homme du premier rang de chaque groupe fera un demi à droite plus ou moins accentué suivant la place qu'il occupe dans la division, et se portera ensuite, droit devant lui, jusqu'à ce qu'il soit arrivé à hauteur du guide de droite.

Lorsque la division sera complétement établie sur la nouvelle direction, son chef commandera : *En avant!* puis : *Guide à droite (ou à gauche)*. Au commandement : *En avant!* toute la division reprendra le pas de 2 pieds.

ART. 6.

Faire les à droite, les à gauche et les demi-tours en marchant.

Ces mouvements s'exécuteront suivant la méthode actuelle, en observant, toutefois, de faire précéder le commandement de demi-tour de celui de : *Pour marcher en arrière*, si l'on veut conserver le même front, et de celui de : *Pour marcher face en arrière*, s'il en est autrement.

ART. 7.

Arrêter la colonne et l'aligner.

Commandements du chef de bataillon.	Commandements des chefs de division.
1. Colonne.	
2. Halte.	1. Halte.
3. Guide à gauche (ou à droite) alignement.	2. Fixe.

Au commandement de halte, les hommes s'arrêten et gardent l'arme sur l'épaule.

Au commandement d'alignement, le premier homme de chaque groupe s'aligne en étendant le bras du côté du guide, de façon à toucher le coude de son voisin de ce côté. Les trois autres hommes de chaque groupe se placent exactement derrière le premier.

Au commandement de fixe de son chef, chaque division reposera sur l'arme.

ART. 8.

Marcher en arrière.

Commandements du chef de bataillon.	Commandement des chefs de division.
1. Face en arrière.	
2. Bataillon, demi-tour — à droite.	
3. Colonne en avant.	
4. Guide à gauche (ou à droite).	
5. Marche.	1. Marche.

Au commandement de face en arrière, les chefs de division et de peloton passeront derrière la division, et es serre-files devant, par les créneaux à leur portée;

le mouvement s'exécutera ensuite comme il a été indiqué pour la colonne face en avant.

Du reste, tous les articles contenus dans la première partie sont applicables à la colonne face en arrière, et devront être appliqués presque aussi fréquemment, ce qui nous permettra de supprimer la contre-marche actuelle.

DEUXIÈME PARTIE.

MOUVEMENTS OFFENSIFS.

Observations préliminaires. — Nous nous sommes efforcé de simplifier autant que possible la marche du bataillon ; à plus forte raison nous attacherons-nous à obtenir le même résultat pour l'action. En marche, en effet, le chef a tout loisir d'exercer son imagination relativement à la forme à donner aux troupes qu'il commande ; tandis qu'au moment d'aborder l'ennemi il n'a pas trop de toute son intelligence pour étudier sa position et ses dispositions ; il importe donc qu'il puisse y prêter toute son attention, et qu'il ait, par conséquent, le moins possible à s'occuper de sa propre troupe ; à cet effet, nous réduirons à deux les manières de prendre l'offensive : en colonne compacte et en tirailleurs : En colonne compacte, lorsqu'il s'agit de faire sa trouée dans une troupe en ordre mince ; et en tirailleurs contre l'artillerie ou des troupes massées.

Il y a plus : comme on ne peut pas toujours reconnaître l'ennemi d'une manière précise avant d'être engagé, toutes les fois qu'on devra s'apprêter pour l'attaque, le chef de bataillon, à moins d'ordre spécial et jusqu'à renseignement suffisant sur l'attitude de l'ennemi, prendra la forme fondamentale de la colonne de combat que nous appellerons colonne d'attaque.

ART. 1.

Former la colonne d'attaque.

Commandement du chef de bataillon.

1. Formez la colonne d'attaque.

A ce commandement, les trois premières divisions ne bougent pas si elles sont au repos, et continuent à marcher si elles sont en mouvement. Le capitaine des grenadiers deploie son peloton en tirailleurs d'attaque et les porte à 300 ou 400 pas en avant de la colonne. Le peloton des voltigeurs, destiné à servir de réserve, se tient à la disposition du chef de bataillon.

Les grenadiers, en s'avançant, sondent le terrain; tâtent l'ennemi; et, des indications résultant de leurs mouvements ou données par leur capitaine, qui sera constamment en rapport avec le commandant du bataillon par l'intermédiaire de l'adjudant-major et de l'adjudant, de ces indications, disons-nous, dépend la forme définitive de l'attaque. Ainsi, par exemple, si les grenadiers resserrent leurs intervalles, c'est que la colonne devra attaquer telle quelle, c'est-à-dire en masse compacte. Au contraire, si les grenadiers ouvrent leurs intervalles, c'est qu'il faudra lancer des tirailleurs pour attaquer l'ennemi sur l'un ou l'autre de ses flancs ou sur les deux, suivant le cas.

ART. 2.

Disposer la colonne d'attaque face à droite ou à gauche.

Commandements du chef de bataillon.

1. Changement de direction par le flanc gauche (ou droit). — 2. Bataillon à gauche (ou à droite). — 3. Marche.

Ce mouvement s'exécutera d'après les prescriptions de l'ordonnance actuelle; seulement, si les grenadiers sont déjà déployés, le chef de bataillon leur fera sonner le ralliement et les voltigeurs couvriront la nouvelle face de la colonne.

ART. 3.

Disposer la colonne d'attaque face en arrière.

Commandements du chef de bataillon.

1. Face en arrière. — 2. Bataillon demi-tour, à droite.

La colonne d'attaque exécutera ce mouvement comme la colonne de marche, avec cette différence que les pelotons de réserve ne resteront pas en tête de colonne.

Si le bataillon est isolé, il rallie ses tirailleurs, et déploie sa réserve pour couvrir sa nouvelle face; — s'il fait partie de la première ligne d'une division, il rallie ses tirailleurs et fait passer sa réserve derrière la première division; —si, au contraire, il est en deuxième ligne, il déploie un de ses pelotons de réserve pour couvrir sa nouvelle face, et fait passer l'autre derrière la première division.

ART. 4.[1]

Attaquer en colonne compacte.

Commandements du chef de bataillon.

1. Colonne en avant. — 2. Guide à gauche. — 3. Marche. —
4. A la baïonnette.

Au commandement ou à la sonnerie en avant, les
grenadiers se portent vivement à 200 ou 300 pas de
l'ennemi et ouvrent le feu. Au commandement de
marche, la colonne s'ébranle, accélérant son allure et
resserrant les intervalles de ses groupes au fur et à
mesure qu'elle s'approche de ses tirailleurs et aux commandements successifs de : *Pas de charge* et *Pas gymnastique*. Les voltigeurs demeurent en réserve. Enfin
au moment où la colonne arrive à distance de peloton
des tirailleurs, le commandant crie : à la baïonnette !
A ce cri, énergiquement répété par tous les officiers,
les tirailleurs cessent le feu et se jettent, en tête de la
colonne, au pas gymnastique, sur l'ennemi.

Aussitôt l'action engagée, le chef de bataillon, à
moins que son bataillon ne soit isolé, lancera sa compagnie de réserve sur tel point qu'il jugera le plus
convenable.

ART. 5.

Prendre les dispositions pour attaquer en tirailleurs.

Commandements du chef de bataillon.

1. Pour attaquer en tirailleurs. — 2. Déployez la colonne.

L'attaque en tirailleurs étant décidée, les grenadiers

devront toujours être déployés en première ligne, sinon pour tâter l'ennemi, du moins pour donner l'impulsion et aider à déterminer, en fin de compte, s'il convient d'attaquer de front sur l'un ou l'autre flanc ou sur les deux à la fois. Les autres tirailleurs seront fournis par les deux premières divisions qui déploieront chacune un peloton et garderont l'autre en réserve.

Au premier commandement, les grenadiers se déploient s'ils ne le sont déjà, et se portent à 300 ou 400 pas en avant de la colonne en sondant le terrain. Les chefs des deux premières divisions désignent les pelotons de déploiement et de réserve, et les chefs de ces pelotons leur font les commandements préparatoires, d'après les prescriptions de l'école de tirailleurs.

Au deuxième commandement, les tirailleurs se déploient de façon à former une deuxième bande de tirailleurs à 150 ou 200 pas en arrière de la première. Les pelotons de soutien vont, en même temps, se placer de façon à protéger les ailes extérieures de la ligne.

La réserve, composée de la troisième division et des voltigeurs, se porte derrière le centre des lignes de tirailleurs et prend ses dispositions pour être toujours prête à appuyer le mouvement ou à protéger la retraite, suivant le cas.

ART. 6.

Prendre les dispositions pour attaquer en tirailleurs sur l'un ou l'autre flanc de l'ennemi.

Commandements du chef de bataillon.

1. Pour attaquer en tirailleurs. — 2. Par le flanc droit (ou gauche), déployez la colonne, — 3. Marche.

Ce mouvement s'exécutera comme le précédent, avec cette différence que les tirailleurs se déploieront par le flanc droit (ou gauche) et par groupe à gauche (ou à droite), de manière à se porter parallèlement aux grenadiers.

ART. 7.

Prendre les dispositions pour attaquer en tirailleurs sur les deux flancs de l'ennemi.

Commandements du chef de bataillon.

1. Pour attaquer en tirailleurs. — 2. Par le flanc droit et le flanc gauche, déployez la colonne. — 3. Marche.

Ce mouvement s'exécutera comme le précédent, avec cette différence qu'un des pelotons de tirailleurs se déploiera par le flanc droit et par groupe à gauche, et l'autre par le flanc gauche et par groupe à droite. Ajoutons que, dans ces deux mouvements, le peloton de soutien et la réserve se placeront de façon à pouvoir protéger plus spécialement l'aile ou les ailes tournantes.

ART. 8.

Attaque en tirailleurs.

Commandements du chef de bataillon.

1. Tirailleurs en avant. — 2. A la baïonnette.

Au premier commandement, les grenadiers se portent au pas de course jusqu'à 200 ou 300 pas de l'ennemi et ouvrent le feu. La deuxième ligne de tirailleurs et leurs pelotons de soutien se mettent en mouvement, avec précaution d'abord, jusqu'à ce que la véritable attaque soit bien déterminée, puis de plus en plus vivement au fur et à mesure qu'ils s'approchent de la première ligne. La réserve se conforme aux divers mouvements de la deuxième ligne.

Au deuxième commandement qui sera fait au moment où la deuxième ligne arrive à distance convenable de la première, les grenadiers cessent le feu et tous les tirailleurs se jettent au pas de course sur l'ennemi.

Aussitôt l'action engagée, les chefs de division lancent le peloton de soutien sur le point qu'il leur semblera le plus convenable d'attaquer, à moins que les tirailleurs ne soient menacés d'être tournés, auquel cas ils le laissent sur la défensive.

La réserve du bataillon est également engagée le plus tôt possible, à moins que le bataillon ne soit isolé, auquel cas elle devra l'être avec plus de circonspection.

TROISIÈME PARTIE.

MOUVEMENTS DÉFENSIFS.

Observations préliminaires. — Nous avons dit que la défensive est un mode de combat essentiellement antipathique au tempérament français; c'est pourquoi nous ne voulons y recourir que le plus rarement possible, par exemple, pour profiter de dispositions avantageuses du terrain, ou lorsque les circonstances le commandent impérieusement. Or, ces circonstances étant généralement produites par des attaques vigoureuses de l'ennemi, si nous analysons les armées avec lesquelles nous pouvons être appelés à nous mesurer : armées anglaise, allemande, autrichienne ou russe, nous ne voyons que la dernière dont l'infanterie ait quelque valeur offensive, et encore ne laisse-t-elle pas que d'avoir besoin de stimulants. En conséquence, la défensive de circonstance devra se pratiquer généralement dans l'armée française contre la cavalerie, et, par suite, sous forme de carrés. Au contraire, la forme habituelle de notre défensive de position sera la ligne déployée, mais toujours avec une deuxième ligne prête à reprendre l'offensive, non-seulement parce que nous y trouvons naturellement de grands avantages, mais encore à cause de la mollesse présumable de l'attaque.

Dans cet ordre d'idées, on ne sera nullement surpris de nous voir attacher plus d'importance aux carrés qu'à la ligne déployée, dont nous supprimerons les mouvements sur une grande échelle, au risque de froisser les susceptibilités des *forts en théorie*, dont le général Morand nous trace un si fidèle portrait. Ainsi, par exemple, nous n'admettons pas la marche, actuellement en vigueur, de toute une ligne de bataillons déployés, marche qui exige la savante exhibition de drapeaux et de guides généraux que l'on connaît. Nous comprenons que les bataillons exécutent isolément ce mouvement pour changer les dispositions de la ligne de bataille, et la former, par exemple, en échelons ou en échiquier ; mais alors ils ne le font généralement que pour parcourir de très petites distances, et pourront par conséquent se mouvoir sans le luxe de précautions dont on les entoure aujourd'hui.

Cela leur sera, du reste, d'autant plus aisé, que nous n'acceptons pas complétement la forme actuelle du déploiement, et qu'en plaçant, en principe, les grenadiers et les voltigeurs en réserve, le front du bataillon se trouvera considérablement réduit.

Ces pelotons de réserve seront placés à la convenance du chef de bataillon, autant que possible à l'abri, soit dans les plis du terrain, soit couchés à plat-ventre ; dans les manœuvres ordinaires, nous les placerons à distance de peloton, en arrière des premier et sixième pelotons.

Dans le déploiement en ligne, aussi bien que dans celui en tirailleurs, le peloton sera l'unité et non plus la division. Aussitôt qu'il sera établi sur la ligne et aligné, son chef lui commandera : *Déployez les groupes!* A ce commandement, les deux hommes placés en arrière dans chaque groupe se porteront en ligne par un demi à gauche, qu'on soit face en avant ou en arrière. Les pelotons de réserve n'exécuteront ce mouvement que lorsqu'on les fera porter exceptionnellement sur la ligne.

Lorsque le bataillon devra se mettre en mouvement, en ligne déployée, ou prendre une autre forme, son chef fera toujours précéder ses commandements de celui de : *Formez les groupes!* A ce commandement, les groupes se formeront de la manière suivante : des deux files qui les composent, celle qui se trouve placée à droite ne bougera pas, qu'on soit face en avant ou

en arrière, et celle de gauche ira se placer derrière
elle par un demi à droite.

Nous avions d'abord fait, de la manière de combattre de la ligne déployée, l'objet du premier article
de la troisième partie ; mais pour réduire autant que
possible le nombre de ces articles, nous avons préféré
l'indiquer ici.

Cette ligne sera toujours couverte par un des pelotons de réserve, déployé en tirailleurs défensifs, par
les voltigeurs en thèse générale, lesquels ouvriront leur
feu à grande portée, et battront en retraite assez
tôt pour ne permettre jamais à l'assaillant d'arriver
en même temps qu'eux sur le bataillon. Pour le même motif, ils cesseront les feux en retraite à 150 pas
du bataillon, derrière lequel ils se rallieront alors au
pas de course.

Aussitôt que le bataillon est démasqué, le comman-
ant fait ouvrir le feu qu'il juge le plus convenable
pour la circonstance : feu de peloton, de demi-batail-
on, de bataillon, de file ou par rang ; et ne tarde pas
employer les grenadiers soit en les portant sur la ligne
pour augmenter les feux ou sur le point le plus me--
nacé, soit en les employant à faire une diversion offensive, tandis que les voltigeurs ralliés forment la réserve
à leur tour.

Quant aux carrés, nous en formerons de deux
sortes : le carré sur quatre rangs, que nous appellerons simplement le carré, destiné à résister aux charges
compactes de la cavalerie ; et le carré oblique, sur deux
rangs, ayant pour but de remplacer ou de continuer,

sous une forme plus concentrée, les feux de ligne contre les charges en fourrageurs.

ART. 1er.

Marcher en ligne déployée en avant, en arrière et vers la droite ou la gauche.

Commandements du chef de bataillon.

1. Formez les groupes. — **2.** Bataillon en avant, guide au centre. — **3.** Marche.

Au premier commandement, les groupes se forment ; au deuxième, le demi-bataillon de droite porte l'arme sur l'épaule droite, et celui de gauche sur l'épaule gauche, tandis que l'adjudant-major va se placer à huit pas devant le porte-drapeau, face en avant. Au commandement de *marche!* l'adjudant-major se dirige sur le point indiqué par le commandant ou, à défaut, droit devant lui. Le porte-drapeau marche exactement sur ses traces, et le bataillon exécute le mouvement, en observant de maintenir l'intervalle de ses groupes avec plus de soin que dans la colonne. L'adjudant-major, tout en donnant la direction, maintient, par ses observations, les pelotons à la même hauteur.

Pour marcher en arrière, le bataillon fera préalablement face en arrière, ou simplement demi-tour, suivant le cas ; puis exécutera son mouvement comme dans la marche en avant.

Pour marcher par le flanc, le bataillon, après avoir formé les groupes, exécutera son mouvement d'après les prescriptions de l'ordonnance actuelle.

ART. 2.

Changement de direction de la ligne déployée.

Commandements du chef de bataillon.	*Commandements des chefs de peloton.*
1. Changement de direction à droite.	
2. Bataillon par le flanc droit,	1. Par peloton en ligne.
3. Marche.	
4. En avant, marche.	
5. Guide au centre.	

Au commandement de *marche !* le bataillon fait par le flanc droit et les pelotons déboîtent en avant, à l'exception du premier, dont le chef commande immédiatement : *Par peloton en ligne.*

A ce commandement, le groupe de droite du peloton s'arrête, et les autres se portent en ligne.

Les autres chefs de peloton font le même commandement, au moment où ils arrivent avec leur droite à hauteur du peloton qui les précède ; et chaque peloton, arrivé sur la ligne, s'arrête jusqu'au quatrième commandement que fait le chef de bataillon au moment où ils y sont tous.

Ce que nous avons dit du peu d'importance de la marche en ligne déployée, à plus forte raison le dirons-nous du changement de direction ; aussi n'indiquons-nous celui-ci que comme une variété de changement de front, le préférant toutefois au changement de direction actuel qui se fait moins rapidement, et pendant lequel aucun peloton n'est en position d'agir jusqu'à complet achèvement du mouvement.

ART. 3.

Arrêter le bataillon et l'aligner.

Commandements du chef de bataillon.	*Commandements des chefs de peloton.*
1. Bataillon, halte.	1. Fixe !
2. Drapeau et guides généraux sur la ligne.	2. Déployez les groupes.
3. Guides sur la ligne.	
4. Sur le centre, alignement.	
5. Drapeau et guides à vos places.	

Ce mouvement s'exécute d'après les prescriptions de l'ordonnance actuelle.

ART. 4.

Changer de front à droite (ou à gauche) et en arrière.

Commandements du chef de bataillon.	*Commandements des chefs de peloton.*
1. Formez les groupes.	1. Tel peloton, halte.
2. Changement de front à droite (ou à gauche).	2. Front.
3. Bataillon par le flanc gauche, à gauche.	3. Guide à gauche, ou à droite, alignement.
4. Marche.	4. Fixe.
5. Guides à vos places.	5. Déployez les groupes.

Au deuxième commandement, les chefs de peloton préviennent leurs pelotons de faire par le flanc gauche. Ce mouvement exécuté, les pelotons du demi-bataillon de droite déboîtent en arrière, et ceux du demi-bataillon de gauche en avant. Au commandement de *marche!* les chefs de peloton conduisent diagonalement la gauche de leur peloton sur le point que doit occuper sa droite sur la nouvelle ligne ; de sorte que le demi-bataillon de droite exécute un mouvement analogue à celui de *face en arrière en bataille* de l'ordonnance actuelle.

Dans le demi-bataillon de gauche, le chef du quatrième peloton laisse simplement filer son peloton suivant la nouvelle ligne, l'arrête au moment où il a complétement changé de direction, et l'aligne à droite contre les jalonneurs placés par les soins de l'adjudant-major, l'un devant son groupe de gauche et l'autre perpendiculairement ou obliquement, suivant le cas, à l'ancienne ligne.

Les chefs des cinquième et sixième pelotons laissent également filer leurs pelotons suivant la nouvelle ligne, lorsqu'ils sont arrivés au point où doit s'établir leur droite, et se comportent ensuite comme celui du quatrième.

Le mouvement achevé, le chef de bataillon fait rentrer les guides.

Si le changement de front est oblique, la seule différence à noter, en dehors de la manière de placer les jalonneurs, c'est que le chef de bataillon commande *changement de front oblique*, au lieu de *changement de front*.

Il est à peine besoin d'ajouter que le changement de front à gauche s'exécute par les moyens réciproques, à savoir : que le bataillon fait par le flanc droit ; que les jalonneurs sont placés perpendiculairemeut ou obliquement à la droite du troisième peloton, et que le demi-bataillon de droite fait son mouvement en avant et celui de gauche en arrière.

Nous venons d'indiquer là le mouvement général ; si, pour une raison ou pour une autre, le chef de bataillon veut faire exécuter le mouvement sur un peloton quelconque, il commandera : *Changement de front à droite, sur tel peloton.* L'adjudant-major placera les jalonneurs, par rapport à ce peloton qui exécutera son mouvement en avant, ainsi que les pelotons placés par rapport à lui du côté opposé au changement de direction, tandis que les autres l'exécuteront en arrière.

Le changement de front en arrière s'exécutera tout simplement aux commandements de : 1. Face en arrière ; 2. bataillon demi-tour à droite.

Du reste, tous ces mouvements perdront singulièrement de leur importance actuelle aux yeux du lecteur, s'il veut bien observer qu'ils ne peuvent être exécutés que par des bataillons isolés ou, tout au moins, opérant exceptionnellement dans les lignes.

ART. 5.

Passer de la ligne déployée au carré sur 4 rangs.

Commandements du chef de bataillon.

1. Formez les groupes. — 2. Formez le carré. — 3. Bataillon à gauche et à droite. — 4 Marche. — 5. Guides à vos places.

Au troisième commandement, tous les serre-files, excepté ceux des 3° et 4° pelotons, passent devant le premier rang de leurs pelotons en même temps que le bataillon fait à gauche et à droite.

Les chefs des 3° et 4° pelotons les préviennent

de s'apprêter à serrer sur leurs files de droite et de gauche, et les chefs des 2ᵉ et 5ᵉ font débotter deux groupes en arrière.

Au commandement de marche, le carré se forme de la manière suivante : la première division, c'est-à-dire les 3ᵉ et 4ᵉ pelotons ayant serré leurs intervalles, sont alignés à droite ou à gauche indifféremment ; — la deuxième division, composée des 2ᵉ et 5ᵉ pelotons, se porte à distance de peloton derrière la première, serre également ses intervalles sur la droite et la gauche de ses pelotons, s'aligne du même côté que la première et fait demi-tour. Les 1ᵉʳ et 6ᵉ pelotons qui forment la troisième division du bataillon serrent leurs intervalles en marchant, se prolongent sur la ligne jusqu'à ce qu'ils rencontrent, l'un la droite, et l'autre la gauche de la première division, puis tournent : le 1ᵉʳ par groupe à gauche et le 6ᵉ à droite, jusqu'à ce que leurs chefs respectifs les arrêtent. Celui du 1ᵉʳ, lorsque sa droite est à hauteur de celle du 3ᵉ peloton, et celui du 6ᵉ, lorsque sa gauche atteint celle du 4ᵉ. Ces pelotons font ensuite front par le quatrième rang et sont alignés, le 1ᵉʳ à gauche et le 6ᵉ à droite.

Cependant, les grenadiers et les voltigeurs ont également serré leurs intervalles en marchant, l'un par le flanc droit et l'autre par le flanc gauche ; ensuite, leurs chefs les font porter par peloton en ligne, les arrêtent par un demi-tour au moment où ils arrivent l'un contre la droite et l'autre contre la gauche de la deuxième division, et enfin les alignent par le quatrième rang,

les grenadiers à gauche sur le 1⁰ʳ peloton et les voltigeurs à droite sur le 6⁰.

Au commandement de guides à vos places, les guides
rentrent dans le carré, les chefs de division commandent naturellement les faces auxquelles appartiennent leurs pelotons à quatre pas en arrière, et les
chefs de peloton se placent à deux pas en arrière du
centre de leurs pelotons. La première division forme la
première face du carré, la deuxième division la
deuxième face, les grenadiers et la 1ʳ⁰, la 3⁰, et enfin
la 6ᵉ et les voltigeurs la 4⁰.

ART. 6.

Déployer le carré.

Commandements du chef de bataillon.

1. **Déployez le carré.** — 2. **Marche.** — 3. **Guides à vos places.**

Au premier commandement, les chefs des 1ʳ⁰ et
2⁰ face commandent : 1. Telle face par le flanc droit
et le flanc gauche ; 2, à droite et à gauche. Les chefs des
3⁰ et 4⁰ faces commandent, celui de la 3⁰ : 1, 3⁰ face
par le flanc gauche, à gauche ; — 2, par peloton, par
groupe à droite. Et celui de la 4⁰ : 1, 4⁰ face par le
flanc droit, à droite ; — 2, par peloton, par groupe à
gauche. Puis ils font déboîter en avant de leur
quatrième rang.

Au commandement de marche, les 3' et 4⁰ pelotons
reprennent leurs intervalles et s'alignent l'un à droite
et l'autre à gauche ; les 2⁰ et 5⁰ pelotons reprennnent
leurs intervalles en marchant et se portent sur la ligne,

l'un en faisant par le flanc droit et l'autre par le flanc
gauche. Les 1ᵉʳ et 6ᵉ pelotons reprennent également
leurs intervalles en se prolongeant sur la ligne ; enfin,
les grenadiers et voltigeurs se comportent de la même
façon que les 1ᵉʳ et 6ᵉ pelotons, et se placent à distance
de peloton derrière eux.

ART. 7.

Passer de la ligne déployée au carré oblique.

Commandements du chef de bataillon.

1. Formez les groupes. — 2. Formez le carré oblique par le
flanc droit (ou gauche). — 3. Bataillon à droite (ou à gauche).
— 4. Marche. — 5. Guides à vos places.

Au deuxième commandement, l'adjudant-major
place trois jalonneurs, l'un devant le groupe de droite
du 3ᵉ peloton ou celui de gauche du 4ᵉ, suivant que
le carré se forme par le flanc droit ou par le flanc
gauche, supposons que c'est à la droite du 3ᵉ; le second faisant face au premier, à l'autre extrémité de la
diagonale du triangle rectangle tracé d'après le système actuel ; enfin, le 3ᵉ derrière le 2ᵉ et à intervalle
de division du 1ᵉʳ. Pendant que s'exécute le deuxième
commandement, les serre-files des 1ᵉʳ, 2ᵉ, 5ᵉ et 6ᵉ pelotons passent devant le premier rang.

Au commandement de marche, les 3ᵉ et 4ᵉ pelotons (1ʳᵉ division) se prolongent le long des jalonneurs
et sont alignés à gauche. Les 2ᵉ et 5ᵉ pelotons (2ᵉ division) vont se former parallèlement aux 3ᵉ et 4ᵉ, à distance de peloton. Les 1ᵉʳ et 6ᵉ pelotons (3ᵉ division)
formeront les faces latérales du carré, le 1ᵉʳ en faisant

par groupe à gauche et se dirigeant perpendiculairement sur le 3ᵉ jalonneur, et le 6ᵉ en se prolongeant
sur la ligne primitive jusqu'à ce qu'il rencontre la
gauche de la 1ʳᵉ division, puis en faisant par groupe à
droite. Après avoir aligné, les chefs de division et de
peloton commandent : Déployez les groupes.

Les grenadiers et voltigeurs n'entreront pas dans le
carré oblique. Après s'être portés sur la ligne de déploiement pour protéger le mouvement par leur feu
jusqu'à sa complète exécution, ils se rallieront aux
deux angles les plus rapprochés de cette ligne et s'y
formeront en carrés de peloton, de façon à croiser
leurs feux avec ceux des quatre faces du grand carré.

ART. 8.

Déployer le carré oblique.

Commandements du chef de bataillon.

1. Formez les groupes. — 2. Déployez le carré oblique. —
3. Marche. — 4. Guides à vos places.

Au deuxième commandement, l'adjudant-major
établit ses jalonneurs sur la ligne que doit occuper le
bataillon déployé, comme pour un changement de
direction oblique par le flanc gauche de la première
face du carré. En même temps, le chef de cette face
lui fait faire par le flanc gauche ; les trois autres faces
font par le flanc droit, et leurs serre-files repassent
derrière les pelotons ; puis le reste du mouvement
s'exécute, comme il est aisé de le voir, à l'inverse
du précédent.

QUATRIÈME PARTIE.

MOUVEMENTS INTERMÉDIAIRES.

Observations préliminaires. — La constitution des colonnes de marche et d'attaque étant la même au fond, et la colonne étant un intermédiaire indispensable entre l'ordre de bataille en tirailleurs et les autres, nous n'aurons, en définitive, à nous occuper dans cette quatrième partie que du passage réciproque de l'ordre offensif représenté par la colonne à l'ordre défensif, c'est-à-dire au déploiement en ligne et au carré.

Pour ne pas interrompre la série, commencée dans la troisième partie, des mouvements relatifs à cette dernière formation, nous allons commencer la quatrième en établissant ses rapports avec la colonne.

ART. 1er.

Passer de la colonne au carré sur 4 rangs.

Commandements du chef de bataillon.

1. Formez le carré. — 2. Bataillon à droite et à gauche. — 3. Marche. — 4. Guides à vos places.

Au premier commandement, les chefs de peloton des deux premières divisions préviennent leurs pelotons, ceux de droite, de faire par le flanc gauche, et ceux de gauche, de faire par le flanc droit. Dans les deux autres divisions, au contraire, les pelotons de droite devront faire par le flanc droit, et ceux de gauche par le flanc gauche.

Pendant que le deuxième commandement s'exécute, les serre-files des trois dernières divisions passent devant le premier rang.

Au commandement de marche, les première et deuxième divisions serrent leurs intervalles sur le centre, et sont alignées du côté où l'adjudant-major assure les guides ; puis la deuxième division fait demi-tour. Les pelotons des troisième et quatrième divisions se portent par le flanc et par groupe à droite et à gauche, de façon à raser les flancs des deux premières lorsque leurs intervalles sont serrés. Ces pelotons serrent également leurs intervalles sur les groupes de la tête, et sont alignés du côté de la première division.

<h2 style="text-align:center">ART. 2.</h2>

Passer du carré sur 4 rangs à la colonne.

Commandements du chef de bataillon.

1. Formez la colonne. — 2. Marche.

Au premier commandement, les chefs des première et deuxième faces les préviennent de ne pas bouger ; ceux des troisième et quatrième leur font faire, l'un par le flanc gauche et l'autre par le flanc droit.

Au commandement de marche, le chef de la première face commande : première division, guide à gauche (ou à droite), suivant le cas ; celui de la deuxième commande : 1. deuxième division, demi-tour à droite ; 2. guide à gauche (ou à droite). Les pe-

lotons des faces latérales se portent par le flanc directe-
ment d'abord, puis par groupe à droite ou à gauche, de
façon à former les troisième et quatrième divisions à
distance de peloton dans la colonne ; en conservant,
toutefois, les intervalles serrés et les serre-files devant
le premier rang.

Lorsque la colonne sera en marche, et qu'il con-
viendra au chef de bataillon de rompre définitivement
le carré, il se contentera de commander : reprenez
vos intervalles. — A ce commandement, les divisions
reprennent leurs intervalles comme il est prescrit, et
les serre-files passent derrière les divisions.

ART. 3.

Passer de la colonne au carré oblique.

Commandements du chef de bataillon.

1. Formez le carré oblique par le flanc droit (ou gauche). —
2. Bataillon à droite (ou à gauche). — **3.** Marche. — **4.** Guides à
vos places.

Au premier commandement, l'adjudant-major place
ses jalonneurs comme pour opérer un changement de
direction, d'une obliquité de 45 degrés, par le flanc
droit. Les chefs des trois premières divisions préviennent leurs divisions de faire par le flanc droit, et les
grenadiers et voltigeurs se déploient à droite et à
gauche de la colonne sur l'alignement de la première
division, et ouvrent leur feu, s'il y a lieu.

Au deuxième commandement, pendant que les divisions font par le flanc droit, les serre-files des 2e et
3e divisions passent devant le premier rang.

Au commandement de marche, les deux premières divisions exécutent le changement de front et sont alignées à gauche; le 1er peloton va former la 3e face en rasant par groupe à gauche la droite de ces divisions; tandis que le 6e peloton, se dirigeant par groupe à gauche sur le point qui sert de pivot au changement de direction de la 1re division, fait par groupe à droite à ce point pour aller former la 4e face du carré.

Enfin, les grenadiers et voltigeurs se rallient, comme il a été prescrit dans le passage de la ligne déployée au carré oblique.

ART. 4.

Passer du carré oblique à la colonne.

Commandements du chef de bataillon.

1. Formez les groupes. — 2. Formez la colonne. — 3. Marche.

Ce mouvement s'exécute de la même manière que celui qui sert à passer du carré sur 4 rangs à la colonne, avec cette différence toutefois que les groupes conservent leurs intervalles et que les serre-files reprennent immédiatement leur place.

ART. 5.

Déployer la colonne face en avant.

Commandements du chef de bataillon.

1. Déployez la colonne, face en avant. — 2. Bataillon à droite et à gauche. — 3. Marche. — 4. Guides à vos places.

Ce mouvement s'exécutera d'après les prescriptions de l'ordonnance actuelle, avec cette différence qu'au premier commandement les voltigeurs seront toujours déployés en tirailleurs et que les grenadiers demeureront en réserve.

ART. 6.

Déployer la colonne face à droite (ou à gauche).

Commandements du chef de bataillon.

1. Déployez la colonne face à droite. — 2. Bataillon par le flanc gauche, par peloton, par groupe à droite. — 3. Marche.

Au commandement de marche, les guides de gauche des pelotons du demi bataillon de droite s'arrêtent ; les pelotons auxquels ils appartiennent pivotent autour d'eux et sont alignés à gauche, leur groupe de gauche contre le guide du peloton qui les suit, et celui du 3ᵉ peloton contre le jalonneur placé, à cet effet, par l'adjudant-major.

Au commandement de halte, du chef du 3ᵉ peloton, celui du 4ᵉ laisse filer son peloton, et au moment où son groupe de droite va arriver à sa hauteur, il commande : 4ᵉ peloton par le flanc droit, marche ; puis il l'arrête à trois ou quatre pas de la ligne, avant de l'aligner. Les 5ᵉ et 6ᵉ pelotons agissent de même.

ART. 7.

Déployer la colonne face en arrière.

Commandements du chef de bataillon.

1. Déployez la colonne, face en arrière. — 2. Bataillon à droite et à gauche. — 3. Marche. — 4. Guides à vos places.

Ce mouvement s'exécutera comme le déploiement face en avant, avec cette différence que les pelotons s'aligneront face en arrière, et que la réserve ira se placer derrière le premier rang.

Observation relative aux déploiements. — Si la colonne est en marche par le flanc des pelotons, et qu'on veuille la déployer face en avant, le chef de bataillon commandera simplement : 1. *Déployez la colonne, face en avant.* — 2. *Marche.*

Au deuxième commandement, les troisième et quatrième pelotons se porteront par peloton en ligne contre les jalonneurs placés par l'adjudant-major, et les autres pelotons continuant à marcher par le flanc, se dirigeront sur le point où leur groupe de la tête doit arriver sur la ligne, et s'y porteront ensuite également par le mouvement de par peloton en ligne.

Le déploiement de cette colonne face en arrière s'exécutera de la même manière, avec cette différence qu'on alignera par le quatrième rang.

Quant au déploiement face à droite (ou à gauche), au commandement : *Déployez la colonne, face à droite* par exemple, — *marche,* — les chefs de peloton du demi-bataillon de droite commanderont : *Tel peloton, halte! à gauche alignement,* etc,, etc. Lorsque les chefs du demi-bataillon de gauche seront arrivés à la hauteur de la gauche du peloton qui tient leur droite dans le déploiement, ils commanderont : 1. *Sur la droite par groupe en ligne.* — 2. *Marche.*

Le premier de ces commandements sera fait en conquence par le chef du quatrième peloton, immédiatement après le commandement d'avertissement du chef de bataillon, et le deuxième après celui d'exécution.

ART. 8.

Passer de la ligne déployée à la colonne.

Commandements du chef de bataillon.

1. Formez les groupes. — 2. Formez la colonne. — 3. Bataillon à gauche et à droite. — 4. Marche.

Ce mouvement s'exécutera d'après les prescriptions de l'ordonnance actuelle.

Si le bataillon doit se former immédiatement en colonne d'attaque, il suffira de remplacer le deuxième commandement par celui de : *Formez la colonne d'attaque*, et de faire déployer les grenadiers pour couvrir la colonne.

ÉVOLUTIONS DE LA DIVISION.

INTRODUCTION.

Marcher, manœuvrer et combattre : voilà trois termes qui nous indiquent la division naturelle de ces évolutions.

Nous classerons donc, dans la première partie, les mouvements de la colonne de route ; dans la deuxième, ceux de la colonne de manœuvres ; dans la troisième, ceux de la colonne de combat ; et enfin dans une quatrième partie, les mouvements qui servent à relier ceux des trois autres, autrement dit, les mouvements intermédiaires.

Pour donner une idée générale de ce que nous entendons par les colonnes de route, de manœuvres et de combat, nous supposerons pour un instant, contrairement à nos principes et par conséquent dans le seul but de simplifier cette explication, que la division est placée sur une seule ligne de la manière suivante : à la droite, la compagnie du génie ; puis le bataillon des chasseurs à pied, les quatre régiments de ligne, les deux batteries d'artillerie, et enfin un escadron d'éclaireurs à cheval (fig. 1).

Nous avons répudié cette forme sur une ligne en

tant que base des évolutions du bataillon, à plus forte
raison le ferons-nous à propos de celles de la division.

Pour obtenir la forme qui doit servir de base à ces
évolutions, forme que, par analogie, nous appelons la
colonne, nous prendrons comme noyau de réserve de
la division tout ce qui n'est pas troupe de ligne proprement dite : le génie, les éclaireurs à pied et à cheval
et l'artillerie; nous placerons les quatre régiments sur
deux lignes d'après le système concentrique adopté
pour le bataillon, de sorte que la forme générale de la
division en colonne sera : en première ligne, le 2ᵉ régiment de la 1ʳᵉ brigade et le 1ᵉʳ de la 2ᵉ ; en 2ᵉ ligne
placée à une distance conventionnelle de la 1ʳᵉ, le
1ᵉʳ régiment de la 1ʳᵉ brigade et le 2ᵉ de la 2ᵉ ; enfin,
à une distance également conventionnelle en arrière de
la 2ᵉ ligne, la réserve ployée d'après le même système
(fig. 2).

En ce qui concerne les troupes spéciales de réserve,
nous nous bornerons à indiquer leur rôle par quelques
observations générales, toutes les fois que l'occasion
s'en présentera; qu'il nous suffise donc de dire ici, à
propos des chasseurs à pied, que si nous adoptons,
dans cette étude, leur organisation actuelle, ce n'est ni
par goût, ni par raisonnement, mais uniquement parce
que nous pensons qu'en théorie cette organisation
importe peu. Par goût nous la trouvons détestable,
parce que le commandement y est toujours, à cause de
son insuffisance hiérarchique, ou brutal ou faible, d'un
absolutisme outré ou déplorablement constitutionnel,
suivant que le chef de bataillon commande ou qu'une

coterie de capitaines gouverne; — par raisonnement, sous quelque point de vue que nous l'envisagions, elle nous paraît entachée d'un vice capital.

De deux choses l'une, en effet, le bataillon de chasseurs est une troupe de ligne ou bien d'éclaireurs et de tireurs. Dans le premier cas, il laisse notre armée sans éclaireurs, et nous en avons fait la triste expérience dans la dernière campagne; dans le second, il faut convenir qu'il est peu rationnel de placer des armes supérieures entre les mains de vulgaires tireurs; or, il est constant que les bataillons de chasseurs en sont, à cet égard, au niveau des autres corps; tandis qu'on pourrait recruter une ou deux compagnies de tireurs d'élite par régiment.

Est-ce à dire que nous préférions cette organisation à l'autre? Sans doute, en principe, mais nous la repousserons dans la pratique tant qu'on aura la rage de placer indistinctement toutes les troupes sur la même ligne. Qu'arriverait-il, en effet, le cas échéant? Pour ne pas troubler l'uniformité de l'instruction et la rectitude des alignements, il adviendrait bientôt des éclaireurs comme des grenadiers et des voltigeurs, à moins qu'on ne défendît d'une manière absolue de les faire entrer en ligne, auquel cas ils iraient infailliblement grossir la compagnie hors-rang avec les sapeurs et autres décors. — En tout cas, l'armée n'y gagnerait probablement pas d'éclaireurs, et y perdrait certainement d'excellents bataillons de ligne. — Entre deux maux, nous choisissons donc le moindre, avec d'autant moins de répugnance que nous ferons toujours agir ces troupes par compagnies et jamais par bataillons.

Pour en revenir à la question principale de notre étude, c'est-à-dire à celle des deux lignes formées par les quatre régiments, nous ferons d'abord observer que la deuxième devant généralement se conformer en colonnes par bataillon aux mouvements de la première, nous n'aurons, pour ainsi dire, qu'à nous occuper de celle-ci. D'un autre côté, les deux régiments, qui composent la ligne, contenant chacun trois bataillons, nous sommes naturellement amené à profiter de l'analogie qui existe entre une ligne composée de six bataillons et un bataillon de six pelotons, ce qui ne laissera pas que de simplifier singulièrement notre tâche. — En effet, si, pour compléter l'analogie, nous assimilons les bataillons extrêmes de chaque ligne aux grenadiers et voltigeurs du bataillon, nous obtiendrons, pour la division en colonne, la forme générale suivante : en éclaireurs, quatre compagnies de chasseurs à pied et deux pelotons de cavaliers ; à l'avant-garde, et comme soutien des éclaireurs, les deux bataillons de réserve de la première ligne, devant leurs régiments respectifs, bien entendu ; dans chaque ligne, quatre bataillons à intervalle de déploiement ; enfin, à l'arrière-garde, avec ce qui reste inoccupé des troupes spéciales, les deux bataillons de réserve de la deuxième ligne (fig. 3).

De cette colonne fondamentale, nous déduirons aisément les colonnes de combat, de route et de manœuvres.

Pour obtenir celle de combat, il suffira de faire appuyer la deuxième ligne à droite de l'étendue du front d'un demi-bataillon; puis, après en avoir déterminé la forme spéciale, de faire rentrer les éclaireurs à telle place qui sera désignée ultérieurement; de déployer les tirailleurs devant les bataillons de la première ligne; de faire prendre à chacun de ces bataillons la forme qui lui convient; enfin, de faire porter une batterie d'artillerie sur les ailes ou au centre de la première ligne, suivant le cas (fig. 4).

Pour obtenir la colonne de route, il suffira de ployer la colonne fondamentale en une colonne double de bataillons, dans laquelle chaque régiment, comme il est aisé de le voir, se trouvera placé par rapport à la ligne dont il fait partie, comme le demi-bataillon par rapport au bataillon dans la colonne double de pelotons, comme chaque brigade, du reste, par rapport à la division, à savoir : les régiments de droite, la gauche en tête, et réciproquement (fig. 5).

Quant à la colonne de manœuvres, il suffit de se rendre compte de l'espace occupé par les colonnes de combat et de route, pour en comprendre la nécessité. Cette colonne a pour but de concentrer la division dans la main de son chef, toutes les fois que le terrain lui permettra de la faire manœuvrer et tant que sa ligne de conduite ne sera pas définitivement arrêtée. — Nous la formerons tout simplement par la réduction conventionnelle des intervalles et distances des bataillons de la colonne fondamentale, ces bataillons conservant, du reste, leur forme intrinsèque.

Précisons : pour obtenir la colonne de manœuvres, il suffira de faire serrer la deuxième ligne à distance de division, par exemple, sur la première ; de réduire, à la même étendue, l'intervalle des brigades ; et celui des bataillons, dans chaque régiment, à celle du front d'un peloton (fig. 6).

Après avoir ainsi déterminé sommairement les formes générales de la colonne, nous allons, comme nous l'avons déjà dit, indiquer dans les trois premières parties de cette étude, les détails des évolutions respectives de chacune d'elles et les relier ensuite par les mouvements intermédiaires de la quatrième.

DIVISION DES ÉVOLUTIONS DE LA DIVISION

EN QUATRE PARTIES.

PREMIÈRE PARTIE. — *Mouvements de la colonne de route.*
DEUXIÈME PARTIE. — *Mouvements de la colonne de manœuvres.*
TROISIÈME PARTIE. — *Mouvements de la colonne de combat.*
QUATRIÈME PARTIE. — *Mouvements intermédiaires.*

PREMIÈRE PARTIE.

ART. 1. — Faire marcher la colonne de route en avant.
— 2. — Faire changer de direction à droite (ou à gauche) à la colonne de route.
— 3. — Marcher par le flanc des pelotons. — Changer de direction en marchant par le flanc. — Remettre le colonne en marche par le front des divisions.
— 4. — Faire appuyer la colonne de route à droite (ou à gauche).
— 5. — Faire marcher la colonne de route en arrière.
— 6. — Arrêter la colonne de route et l'aligner.

DEUXIÈME PARTIE.

ART. 1. — Faire changer de front à droite (ou à gauche) à la colonne de manœuvres.
— 2. — Faire changer de front en arrière à la colonne de manœuvres.
— 3. — Faire marcher la colonne de manœuvres en avant.
— 4. — Faire marcher la colonne de manœuvres vers la droite (ou la gauche) sans changer de front.
— 5. — Faire marcher la colonne de manœuvres en arrière.
— 6. — Arrêter la colonne de manœuvres et l'aligner.

TROISIÈME PARTIE.

ART. 1. — Différentes manières de combattre de front.
— 2. — Différentes manières de combattre en échelons.
— 3. — Différentes manières de combattre en échiquier.
— 4. — Faire marcher la colonne, sous ses diverses formes, en avant, en arrière et vers la droite (ou la gauche).
— 5. — Passer des diverses formes spéciales à la forme fondamentale de la colonne de combat.
— 6. — Manière de battre en retraite.

QUATRIÈME PARTIE.

ART. 1. — Passer de la colonne de route à celle de manœuvres, et réciproquement.
— 2. — Passer de la colonne de route à celle de combat, face en avant et en arrière, et réciproquement.
— 3. — Passer de la colonne de route à celle de combat, face à droite (ou à gauche).
— 4. — Passer de la colonne de manœuvres à celle de combat, face en avant et en arrière.
— 5. — Passer de la colonne de manœuvres à celle de combat face à droite (ou à gauche).
— 6. — Passer de la colonne de combat à celle de manœuvres.

PREMIÈRE PARTIE.

MOUVEMENTS DE LA COLONNE DE ROUTE.

Observations préliminaires. — La colonne de route, telle que nous l'avons définie, contient deux colonnes de bataillons, formées l'une de la 1re brigade et l'autre de la 2e, et marchant, celle-ci la droite et celle-là la gauche en tête.

Quelque forme qu'affecte l'ensemble de la colonne, les deux brigades conserveront leur autonomie et marcheront toujours à la même hauteur, chacune sur sa voie autant que possible.

Dans le cas où la division devra suivre une seule voie, telle qu'une de nos routes ferrées, par exemple, elle marchera par le flanc des pelotons, chaque brigade occupant un côté du chemin, sur neuf hommes de front, par conséquent, en comptant le rang des serre-files ; ce qui représente pour les deux brigades un front de 18 hommes, c'est-à-dire celui d'un demi-peloton ordinaire. Inutile d'ajouter que l'étendue de ce front peut encore se réduire presque de moitié par le dédoublement des groupes.

A moins de commandement spécial, la même brigade donnera toujours la direction ; et, comme les mouvements s'exécuteront généralement sur le centre, les bataillons de la 1re brigade prendront, en principe, le guide à gauche et ceux de la 2e à droite.

Du reste, les bataillons se conformeront dans chaque colonne aux mouvements de celui de la tête, et l'intervalle des brigades étant facultatif, comme il est aisé de le voir d'après ce que nous en avons déjà dit, nous le prendrons, pour les manœuvres ordinaires, de la même longueur que celui de la colonne de manœuvres, c'est-à-dire de l'étendue du front d'une division.

La colonne de route sera toujours éclairée par quatre compagnies de chasseurs à pied et deux pelotons de cavaliers, suivant l'ordonnance particulière à ce service. Ces éclaireurs seront soutenus, comme nous l'avons dit dans l'introduction, par les deux bataillons de réserve de la première ligne (bataillons d'avant-garde), qui seront répartis de la manière suivante : dans chaque bataillon protégeant les éclaireurs de la brigade, une division derrière le centre de chaque compagnie et un demi-bataillon de réserve derrière le centre de la ligne formée par les deux compagnies; ajoutons que les éclaireurs, ainsi que leur bataillon de soutien dans chaque brigade, seront sous les ordres et la direction immédiats du lieutenant-colonel du régiment de la première ligne (fig. 5).

La colonne de manœuvres s'éclairant de la même manière que celle de route, et les bataillons d'avant-garde formant la réserve de la première ligne dans la colonne de combat, il en résulte que les quatre bataillons d'avant et d'arrière-garde, autrement dits de réserve, ne feront jamais partie intégrante des lignes, dont chacune se trouvera par conséquent réduite à quatre bataillons.

Cette particularité va nous aider à donner à la distance conventionnelle des deux lignes une longueur déterminée que nous adopterons en thèse générale. — Si nous admettons, en effet, que les bataillons doivent, autant que possible, marcher à distance égale l'un derrière l'autre, et s'il convient que la colonne de route se tienne toujours prête à faire immédiatement face à droite et à gauche, aussi bien qu'en avant et en arrière, nous arrivons naturellement à séparer les deux lignes par un espace égal à l'étendue du front de deux bataillons, c'est-à-dire à 500 pas, si nous prenons pour type du peloton de manœuvres et de combat celui de 24 groupes (96 hommes).

A ce propos, nous ferons remarquer que nous ne laissons d'autre intervalle entre les bataillons déployés que l'espace nécessaire pour faire entrer leurs pelotons de réserve en ligne.

La colonne de route étant ainsi suffisamment définie, nous allons en indiquer les divers mouvements.

ART. 1.

Faire marcher la colonne de route en avant.

Commandements

du général.	*des chefs de bataillon.*
1. Colonne en avant.	1. Colonne en avant, guide à gauche (dans les bataillons de droite) et à droite (dans ceux de gauche).
2. Marche.	2. Marche.

Ce mouvement s'exécutera par chaque bataillon

suivant les prescriptions des évolutions du bataillon ;
quant à son ensemble, les bataillons se conformeront
dans chaque brigade aux mouvements de celui de la
tête.

Nous supposerons, une fois pour toutes que la 1re brigade donne la direction. Cette règle sera générale,
aussi bien pour les colonnes de manœuvres et de combat que pour celle de route.

ART. **2.**

Faire changer de direction à droite (ou à gauche) à la colonne
de route.

Commandements

du général.	*des chefs de bataillon.*
1. Tête de colonne à droite (par exemple).	1. Tête de colonne à droite.

Ce mouvement s'exécutera par les bataillons de la
colonne de droite suivant les prescriptions des évolutions du bataillon, avec cette différence que les chefs
de bataillon, au lieu de ceux de division, feront le
commandement de : *En avant !* pour reprendre l'allure
ordinaire au moment où le bataillon correspondant de
la colonne de gauche arrive à la hauteur du leur.

Les bataillons de la colonne de gauche exécutent le
mouvement exactement comme aux évolutions du bataillon, mais autour d'un jalonneur spécial placé à telle
distance en avant et sur la gauche de celui de la colonne
de droite que l'intervalle des brigades ne soit pas
changé.

ART. 3.

Marcher par le flanc des pelotons. — Changer de direction en marchant par le flanc. — Remettre la colonne en marche par le front des divisions.

Commandements

<table>
<tr><td>du général.</td><td>des chefs de bataillon.</td></tr>
<tr><td>1. En avant par le flanc des pelotons.</td><td>1. En avant par le flanc des pelotons.</td></tr>
<tr><td>2. Marche.</td><td>2. Bataillon à gauche et à droite.</td></tr>
<tr><td></td><td>3. Marche.</td></tr>
</table>

Chaque bataillon exécutera ce mouvement comme il est prescrit aux évolutions du bataillon, simultanément ou successivement, suivant que le général fait les commandements ou qu'il se contente de prévenir les bataillons de la tête.

Le changement de direction en marchant par le flanc s'exécutera aux mêmes commandements et de la même manière que celui de la colonne ordinaire, les bataillons de la colonne placée du côté du changement de direction ralentissant un peu l'allure, jusqu'à ce que leurs correspondants de l'autre soient arrivés à leur hauteur (1).

---

(1) Il importe de réparer ici une omission commise aux *évolutions du bataillon*. Avant de marcher par le flanc des deux pelotons qui composent chaque division, s'il n'est pas indispensable de réduire aussi sensiblement le front de la colonne, on continuera à marcher par le front des pelotons du demi-bataillon de droite, tandis que ceux du demi-bataillon de gauche feront par le flanc droit et par groupe à gauche au commandement de : *En avant par le flanc des*

Pour remettre la colonne en marche par le front des divisions, chaque chef de bataillon commandera : (1) *Par peloton en ligne!* — (2) *Marche!* — (3) *Guide à gauche ou à droite!* et le mouvement s'exécutera d'après les prescriptions des évolutions du bataillon. Généralement ces commandements seront faits par les chefs de division, au fur et à mesure que chaque division entre dans un terrain suffisamment ouvert. Il tombe, du reste, sous le sens que, lorsque l'intervalle des brigades a été resserré, dans un défilé ou sur une route ordinaire, chaque chef de division fera obliquer sa division à droite ou à gauche pour le reprendre aussitôt que possible, et, en tout cas, avant de faire rentrer les pelotons en ligne.

ART. 4.

Faire appuyer la colonne de route à droite (ou à gauche).

Commandements

du général.	*des chefs de bataillon.*
1. Pour appuyer à droite.	1. Pour appuyer à droite.
2. Par colonne de bataillon, tête de colonne à droite.	2. Tête de colonne à droite.
	3. En avant.
	4. Guide à gauche (ou à droite).

Au 2ᵉ commandement, chaque bataillon tournera à droite comme s'il était isolé; — au 3ᵉ, ils repren-

pelotons à gauche. Lorsqu'il s'agit d'une division, les bataillons de gauche opèrent comme il est indiqué pour le bataillon isolé, tandis que ceux de droite font marcher leurs pelotons de gauche de front, et ceux de droite par le flanc.

dront l'allure habituelle ; et au 4e, les 2 bataillons placés à la droite de chaque nouvelle ligne prendront
le guide à gauche, et ceux de la gauche le guide à
droite.

Les troupes de la réserve exécuteront le mouvement analogue, chacune suivant l'ordonnance spéciale
à son arme, et demeureront ainsi placées sur la droite
de la colonne.

Dans certains cas de surprise, en route, sur l'un ou
l'autre flanc, il peut être avantageux d'accepter le
combat dans cet ordre, c'est-à-dire chaque brigade
formant une ligne ; mais cela ne doit avoir lieu que
dans les cas d'absolue nécessité, à cause des inconvé-
nients que nous avons déjà signalés pour le commandement de troupes placées sur une aussi grande étendue de terrain. C'est pourquoi nous signalons ici cette
particularité pour n'avoir pas à y revenir lorsque nous
en serons à la colonne de combat.

ART. 5.

Faire marcher la colonne de route en arrière.

Commandements

du général.	*des chefs de bataillon.*
1. Pour marcher en arrière.	1. Pour marcher en arrière.
2. Colonne en avant.	2. Bataillon demi-tour à droite.
3. Marche.	3. Colonne en avant, guide à droite (ou à gauche).
	4. Marche.

Après le demi-tour, ce mouvement s'exécutera
comme celui de la marche en avant.

Si l'on veut faire marcher la colonne face en arrière, il suffira de remplacer le commandement de *pour marcher en arrière* par celui de *pour marcher face en arrière ;* dans ce cas, le mouvement s'exécutera de la manière suivante : les éclaireurs et leurs bataillons de soutien se rallient pour former la réserve, tandis que ceux de l'ancienne réserve se déploient à leur tour. Le génie se porte en avant de la nouvelle face et l'artillerie en arrière. — Si le mouvement s'exécute sans arrêter la colonne, l'artillerie la laisse filer et n'y prend sa nouvelle place qu'après avoir été dépassée.

La colonne se remettra en marche face en tête, de la même manière, en substituant simplement le commandement de *face en tête* à celui de *face en arrière ;* de même qu'on la remet en marche en avant, par la substitution du commandement de *pour marcher en avant* à celui de *pour marcher en arrière.*

ART. 6.

Arrêter la colonne de route et l'aligner.

Commandements

du général	*des chefs de bataillon.*
1. Colonne.	1. Colonne.
2. Halte.	2. Halte.
	3. A gauche (ou à droite), alignement.

Ce mouvement s'exécutera par chaque bataillon comme il est prescrit aux évolutions du bataillon, celui de la tête de la 2ᵉ brigade se basant sur son correspondant de la 1ʳᵉ et les autres sur leur tête de colonne respective.

———

5

DEUXIÈME PARTIE.

MOUVEMENTS DE LA COLONNE DE MANOEUVRES.

Observations préliminaires. — Nous avons indiqué dans l'introduction la forme générale de la colonne de manœuvres.

Pour en déduire sa forme usuelle, il suffira d'en détacher, comme nous l'avons déjà fait de la colonne de route, les bataillons d'avant et d'arrière-garde, ce qui réduira chacune des lignes à 4 bataillons.

Nous simplifierons ensuite beaucoup l'étude de cette partie en assimilant chaque ligne à un bataillon de trois divisions déployé, le bataillon en colonne représentant un peloton en ligne, et les bataillons d'avant-garde des compagnies de grenadiers et de voltigeurs.

ART. 1er.

Faire changer de front à droite (ou à gauche) à la colonne de manœuvre.

Commandement

du général.	des chefs de bataillon.
1. Changement de front à droite (ou à gauche).	1. Changement de front à droite.
2. Marche.	2. Bataillon par le flanc gauche, à gauche.
	3. Marche.

Au 2ᵉ commandement de leurs chefs, les bataillons font à gauche comme les pelotons dans le changement de front du bataillon déployé.

Du reste, toutes les observations que nous avons faites dans cet article sont applicables à celui-ci.—Ainsi, par exemple, dans le cas que nous citons, le mouvement s'exécutera sur le 3ᵉ bataillon de la ligne, de même qu'aux évolutions du bataillon le mouvement analogue s'est exécuté sur le 4ᵉ des 6 pelotons déployés, nous ne reviendrons donc pas davantage sur ces observations.

Au commandement de *marche*, le bataillon qui sert de base au mouvement exécute son changement de direction comme il est prescrit aux *évolutions du bataillon*. L'autre bataillon de la 2ᵉ brigade exécute son changement de direction en le prolongeant obliquement de la manière suivante : sa première division pivotant sur son groupe de gauche, se dirige sur le point situé à intervalle de division de la gauche du bataillon qui tient sa droite. Lorsque la gauche est arrivée à ce point, son chef, après l'avoir redressée, la laisse filer et l'arrête au moment où la droite arrive à sa hauteur, puis il l'aligne contre les guides placés par les soins de l'adjudant-major sur la nouvelle ligne. — Les autres divisions, après avoir pivoté aussi près que possible de celle qui les précède, se dirigent de façon à reformer la colonne à distance de peloton sur la nouvelle ligne. — Cependant, les bataillons de la 1ʳᵉ brigade se sont portés en arrière pour faire leur changement de direction autour du jalonneur placé par leur adjudant-major au point où doit appuyer la droite de leur 1ʳᵉ division sur la nouvelle ligne. Cette 1ʳᵉ division pivote immédiatement autour de ce jalonneur et est conduite par son chef jusqu'au jalonneur de gauche, puis alignée de ce côté. — Chacune des autres divisions, après avoir rasé le jalonneur de droite autant que possible, se porte à distance de peloton en arrière de celle qui la précède.

Chaque bataillon de la 2ᵉ ligne exécute le même mouvement que son correspondant de la 1ʳᵉ.

Lorsque le mouvement est achevé, le général commande et les chefs de bataillon répètent : *Guides à vos places.*

ART. 2.

Faire changer de front en arrière à la colonne de manœuvres.

Commandements

du général.	des chefs de bataillon.
1. Changement de front en arrière.	1. Changement de front en arrière.
	2. Face en arrière. — Bataillon, demi-tour à droite.

Au commandement du général, les éclaireurs à pied et à cheval demeurés en réserve, ainsi que les bataillons d'arrière-garde, prennent leurs dispositions pour éclairer la nouvelle face de la colonne, tandis que les éclaireurs et l'avant-garde deviennent réserve à leur tour.

L'artillerie se porte en arrière des lignes et le génie en avant.

Le 2ᵉ commandement des chefs de bataillon sera exécuté par chaque bataillon comme il a été prescrit.

Dans cette position et, du reste, toutes les fois qu'on

se trouve face en arrière, la 1ʳᵉ ligne est subordonnée
à la 2ᵉ.

ART. 3.

Faire marcher la colonne de manœuvres en avant.

Commandements

du général.	des chefs de bataillon.
1. Colonne en avant.	1. Colonne en avant.
2. Marche.	2. Guide à gauche (ou à droite).
	3. Marche.

Chaque bataillon exécute ce mouvement comme il
est prescrit aux évolutions du bataillon.

Si le général veut donner la direction à un autre
bataillon, il commande : 1. *Colonne en avant.* —
2. *Tel bataillon de direction.* — 3. *Marche.* — Mais,
en règle générale, la direction sera prise, comme nous
l'avons dit, sur la gauche du bataillon central de la
1ʳᵉ brigade, et ne nécessitera par conséquent pas de
commandement.

La colonne étant en marche, si le terrain offre des
obstacles, les bataillons devant lesquels ils se présentent
marchent par le flanc des pelotons jusqu'à ce qu'ils
soient tournés.

Lorsque la colonne de manœuvres est appelée à
changer de direction en marchant, le général l'arrête,
lui fait exécuter un changement de front de pied ferme
et la remet ensuite en marche. Dans ce cas, le changement de front s'opère, par exception, sur le bataillon placé du côté de la direction.

ART. 4.

Faire marcher la colonne vers la droite (ou la gauche) sans changer
de front.

Commandements

du général.	des chefs de bataillon.
1. Pour appuyer à droite.	1. Pour appuyer à droite.
2. Par colonne de bataillon, tête de colonne à droite.	2. Tête de colonne à droite.

Ce mouvement s'exécutera par chaque bataillon
comme il est prescrit ; seulement le guide, dans ce cas,
se prendra toujours du côté du front et par conséquent
à gauche dans le mouvement indiqué.

Lorsque le général voudra remettre la colonne en
marche en avant, il commandera : 1. *Pour marcher
en avant.* — 2. *Par colonne de bataillon, tête de colonne
à gauche.* Le mouvement s'exécutera de la même manière, sauf que les bataillons de droite prendront le
guide à gauche, et réciproquement.

Si, au lieu de continuer à marcher, le général veut
placer sa colonne sur la ligne de bataille, il l'arrête,
puis la rétablit sur la ligne par les commandements de :
1. *Par colonne de bataillon, changement de direction
par le flanc droit.* — 2. *Marche,* que chaque bataillon
exécute d'après les prescriptions des évolutions du
bataillon.

ART. 5.

Faire marcher la colonne de manœuvres en arrière.

Commandements

du général.	*des chefs de bataillon.*
1. Pour marcher en arrière.	1. Pour marcher en arrière.
2. Colonne en avant.	2. Bataillon, demi - tour à droite.
3. Marche.	3. Colonne en avant, guide à droite (ou à gauche).
	4. Marche.

Ce mouvement s'exécutera, après le demi-tour, comme celui de la marche en avant.

Si l'on doit marcher face en arrière, le général commandera : *Pour marcher face en arrière*, et le mouvement s'exécutera comme le changement de front en arrière, avec cette différence que l'artillerie, au lieu de se porter derrière la première ligne, ne prendra sa place dans la nouvelle colonne qu'après avoir été dépassée.

Pour remettre la colonne en marche en avant, le général l'arrêtera, et commandera : *Pour marcher en avant*, etc., etc.

S'il veut exécuter le mouvement sans arrêter la colonne, il se contentera de commander : 1. *Pour marcher en avant.* — 2. *Marche.* Les chefs de bataillon, après avoir répété le premier commandement du général, feront celui de demi-tour, de façon que leur bataillon ne l'exécute qu'au commandement de marche. Ainsi : 1. *Pour marcher en avant.* — 2. *Bataillon, demi-tour à droite. — 3. Marche. — 4. Guide à gauche ou à droite.*

ART. 6.

Arrêter la colonne de manœuvres et l'aligner.

Commandements

du général.	*des chefs de bataillon*
1. Colonne.	1. Colonne.
2. Halte.	2. Halte.
3. Drapeaux sur la ligne.	3. Drapeaux sur la ligne.
4. Guides sur la ligne.	4. Guides sur la ligne.
5. Drapeaux et guides à vos places.	5. A gauche (ou à droite), alignement.
	6. Drapeaux et guides à vos places.

Au troisième commandement du général, les drapeaux se portent sur la ligne, et y sont assurés par les soins de l'état-major général. Toutefois, ils font toujours face du même côté, celui du centre de la ligne lorsqu'elle est composée de plusieurs divisions, et facultatif, par conséquent, lorsque la division est isolée.

Les guides se portent sur la ligne, au quatrième commandement, font face au centre de la division, et sont assurés par l'adjudant-major de leur bataillon respectif.

L'alignement s'exécute ensuite d'après les prescriptions des évolutions du bataillon.

TROISIÈME PARTIE.

MOUVEMENTS DE LA COLONNE DE COMBAT.

Observations préliminaires. — De la colonne fondamentale, ou simplement de la *colonne*, qui n'est qu'une expression tactique, nous avons déduit les trois colonnes effectives de route, de manœuvres et de combat ; nous déduirons de même de la colonne fondamentale de combat, ou simplement de la *colonne de combat*, qui n'est aussi, relativement à l'action, qu'une expression ; les trois colonnes actives d'attaque, défensive et mixte.

Cette dernière est ainsi nommée parce qu'elle contient des bataillons en offensive et d'autres sur la défensive

Nous disons que la *colonne de combat*, telle que nous l'avons définie, n'est qu'une expression relativement à l'action ; parce qu'elle n'est qu'une colonne expectante ; un intermédiaire entre les colonnes de route ou de manœuvres et celles d'attaque, défensive ou mixte ; en un mot : une colonne de manœuvres, à distance de déploiement, et prête à prendre les dernières dispositions pour le combat.

Pour mieux rendre notre pensée, nous allons l'appuyer d'un exemple, qui n'est autre chose que la manière générale de procéder.

Lorsqu'il s'agit de transporter la division d'un point quelconque au point stratégique qu'elle doit occuper, on la met d'abord en mouvement sous forme de colonne de route, à laquelle on substitue la colonne de manœuvres, dès qu'on soupçonne le voisinage de l'ennemi ; puis, quand la position de ce dernier est suffisamment indiquée par les éclaireurs, la *colonne de combat* se forme face du côté qui convient ; enfin, le mode de combat étant définitivement arrêté, on passe de la colonne expectante à l'une des colonnes actives d'attaque, défensive ou mixte, suivant le cas ; et c'est alors seulement que les éclaireurs se replient, que les tirailleurs des bataillons se déploient ; et, finalement, que chacun prend sa véritable place de bataille.

Ce mouvement s'exécute de la manière suivante : les éclaireurs à cheval se replient sur leurs pelotons de réserve ; tandis que les éclaireurs à pied s'arrêtent sur la ligne des tirailleurs des bataillons, où leur mission consiste à viser les officiers et les artilleurs ennemis.

En même temps que les éclaireurs, les bataillons d'avant-garde se replient : les divisions de soutien immédiat, derrière les intervalles des bataillons à hauteur des pelotons de réserve de ces bataillons ; et les demi-bataillons de réserve, entre les deux lignes, à 250 pas en avant du centre de la deuxième, après avoir, au préalable, déployé une de leurs compagnies d'élite sur la même ligne que les tirailleurs des autres bataillons, de façon à couvrir les intervalles des brigades. — Dans la colonne d'attaque, et dans tous les cas où les bataillons de la première ligne ne sont pas déployés, les divisions de soutien déploient une de leurs compagnies en tirailleurs pour occuper les intervalles des bataillons et sur la même ligne u'eux. Il est aisé de voir que, le cas échéant, les bataillons d'avant-garde, devenus bataillons de réserve de la première ligne, se trouvent disposés comme pour l'attaque en tirailleurs.

Quant à l'artillerie, elle porte une de ses batteries, escortée d'une compagnie de chasseurs à pied ou d'un peloton de cavalerie, sur les ailes, ou bien au centre de la division, suivant le cas ou le jugement du général.

Au moment d'engager le combat, chaque chef de bataillon de la première ligne, à moins d'ordre spécial de le livrer quand même de telle ou telle façon, demeure libre de choisir entre les différents modes que nous avons indiqués aux *évolutions du bataillon*, à savoir : entre la colonne compacte et le déploiement en tirailleurs, s'il est en offensive ; et entre le déploiement en ligne et tel ou tel carré s'il est sur la défensive.

Répétons ici que les chefs de bataillon saisiront la première occasion d'engager leur réserve ; il en sera de même des colonels qui disposent des réserves provenant de l'avant-garde.

Il va sans dire qu'à moins d'ordre supérieur, chaque général de brigade juge de l'opportunité d'engager ses deux bataillons de la deuxième ligne.

D'après l'importance que nous attribuons à chaque officier général et même supérieur, on ne sera certainement pas surpris de voir que notre système ne comporte pas ces mouvements généraux de lignes qui dépendent uniquement du général de division, sinon du général en chef, et l'obligent à s'occuper des moindres détails, en enlevant toute initiative aux autres grades. Ainsi, par exemple, nous ne comprenons pas ces passages de lignes d'un nombre indéfini de bataillons ; attendu que nous ne pouvons concevoir qu'au même moment tous les bataillons d'une même ligne soient également battus ou fatigués ; tandis que nous trouvons tout naturel qu'un général de brigade, qui voit un de ses bataillons de la première ligne faiblir ou succomber, le fasse soutenir ou relever par le bataillon correspondant de la deuxième, et réserve celui qui lui reste pour un nouveau cas urgent.

Revenons aux divers mouvements et transformations de la *colonne de combat*. Comme elle n'est, ainsi que nous l'avons dit, qu'un intermédiaire, une sorte de colonne de manœuvres à distances et intervalles de combat, nous appliquerons, à ses mouvements intrinsèques, les six articles de la deuxième partie ; de sorte que nous n'aurons plus à nous occuper, dans la troisième, que des moyens de la transformer, de la faire mouvoir sous toutes ses formes, et enfin de la faire battre en retraite.

A propos de retraite, la seule manière de l'opérer convenablement, à notre avis, c'est de battre l'ennemi d'abord, afin d'avoir ses coudées franches ensuite. C'est là une manière essentiellement française, à laquelle on devra toujours recourir, à moins d'impossibilité absolue.

Bien que cette impossibilité soit un cas très rare et dont, nous aimons à l'espérer, nous ne verrons plus le retour, au moins sur une grande échelle ; comme il faut tout prévoir et que, même dans une bataille gagnée, une ou plusieurs divisions peuvent être obligées de se replier, nous supposerons le cas le plus défavorable, celui de la retraite pendant l'action, et nous nous en occuperons plus spécialement, attendu que dans l'autre, l'opération se réduit, pour ainsi dire, à une simple marche en arrière, que nous ne voyons aucun inconvénient à faire exécuter par lignes entières, comme aujourd'hui; mais il n'en est pas de même de la retraite en combattant, qui s'exécutera successivement par un ou deux bataillons, et toujours, par conséquent, en échelons ou en échiquier.

ART. 1er.

Différentes manières de combattre de front.

Commandements

du général.	*des chefs de bataillon.*
1. Formez la colonne (d'attaque, défensive ou mixte).	1. Formez la colonne (d'attaque, défensive ou mixte).
2. Marche !	2. . . . .
	3. Marche.

Suivant le mode de combat qu'il adopte, le général fait un des trois commandements ci-dessus. Supposons qu'il s'agisse d'abord de la colonne d'attaque : au deuxième commandement du général, chaque bataillon se dispose pour le combat d'après les prescriptions des *évolutions du bataillon*, c'est-à-dire qu'il demeure en colonne compacte et se contente de déployer ses grenadiers en tirailleurs, ou bien qu'il se forme pour le combat en tirailleurs, auquel cas son chef, après avoir répété le premier commandement du général, fera précéder le deuxième de celui de : *Pour combattre en tirailleurs, déployez la colonne.*

Si le combat doit être défensif, les chefs de bataillon, après avoir répété le premier commandement du général, feront précéder le second de celui de : *Déployez la colonne ;* ou *formez tel carré,* suivant le cas.

Enfin, pour former la colonne mixte, le général fera précéder le commandement de : *Formez la colonne mixte* de celui de : *Tels bataillons d'attaque* (1ᵉʳ et 4ᵉ, par exemple).

Dans toutes ces formations les bataillons de la deuxième ligne ne bougent pas, excepté quand leurs correspondants de la première se forment en carré, auquel cas ils exécutent le même mouvement qu'eux.

ART. **2.**

Différentes manières de combattre en échelons.

Commandements

du général.	*des chefs de bataillon.*
1. Formez la colonne d'atta-que en échelons, l'aile droite (ou gauche) en avant.	1. Formez la colonne d'atta-que en échelons, l'aile droite (ou gauche), en avant.
2. Marche.	2. Colonne en avant, guide à gauche.
	3. Marche.

Au premier commandement, les tirailleurs se déploient devant tous les bataillons, et les chefs des trois bataillons de droite font le deuxième commandement indiqué ci-dessus, tandis que celui du quatrième le prévient de ne pas bouger. Au commandement de marche, le quatrième bataillon s'aligne à gauche ou se déploie en tirailleurs, suivant la manière dont il doit attaquer, tandis que les autres se portent en avant et sont arrêtés successivement par leurs chefs à la distance prescrite, qui sera de 100 pas, à moins qu'on ne la spécifie, auquel cas le général commandera : *Formez la colonne d'attaque en échelons, à tant de pas, l'aile droite en avant.*

De même que le quatrième bataillon, les trois autres, aussitôt arrêtés, sont alignés à gauche ou déployés en tirailleurs, suivant le cas.

En règle générale, toutes les fois qu'il s'agira de prendre les dernières dispositions pour le combat, les mouvements devront s'exécuter par des marches en avant, du moins en ce qui concerne la première ligne.

Si, par exception, les circonstances ou le terrain exigent que les échelons se forment sur un autre bataillon que celui du dernier échelon, le général désignera le bataillon qui doit servir de base en commandant : *Sur tel bataillon, formez la colonne d'attaque en échelons....*

Dans ce cas, le bataillon désigné ne bouge pas. Les chefs des bataillons placés à sa gauche commandent : *Pour marcher en arrière, bataillon demi-tour à droite.* Puis, comme ceux de la droite : *Colonne en avant, guide à gauche,* etc.

Si le général, au lieu de la colonne d'attaque, veut former la colonne défensive, il remplacera simplement le commandement de : *Formez la colonne d'attaque,* par celui de : *Formez la colonne défensive ;* et le mouvement s'exécutera de la même manière, sauf qu'après avoir été arrêtés les bataillons se déploieront en ligne ou formeront le carré, suivant le cas. Dans ce mouvement, une des compagnies de réserve de chaque bataillon se déploiera en tirailleurs, de façon à relier les bataillons et, par conséquent, à croiser ses feux avec les leurs.

Même observation relativement à la colonne mixte, qui se formera au commandement de : *Tels bataillons d'attaque, formez la colonne mixte en échelons...*

ART. 3.

Différentes manières de combattre en échiquier.

Commandements

du général.	des chefs de bataillon.
1. Formez la colonne d'attaque en échiquier, les ailes (ou le centre) en avant.	1. Formez la colonne d'attaque en échiquier, les ailes (ou le centre) en avant.
2. Marche.	2. Colonne en avant, guide à gauche (ou à droite).
	3. Marche.

L'échiquier se formera les ailes ou le centre en avant, suivant qu'on voudra agir sur les ailes ou percer le centre de l'ennemi.

Si nous supposons que les ailes doivent se porter en avant, les chefs des premier et quatrième bataillons feront le deuxième commandement ci-dessus indiqué, tandis que ceux des deuxième et troisième préviendront leurs bataillons de ne pas bouger.

Au commandement de marche, les deuxième et troisième bataillons s'alignent, l'un à droite et l'autre à gauche, ou se déploient en tirailleurs, suivant le cas, tandis que les premier et quatrième se portent à 250 pas en avant des deux autres et s'alignent ou se déploient également.

Si les circonstances ou le terrain ne permettent pas aux ailes d'avancer, on fera reculer le centre, et alors le commandement sera : *Formez la colonne d'attaque en échiquier, le centre en arrière*, etc...

Mêmes observations qu'au précédent article relativement aux colonnes défensive et mixte, ainsi qu'aux bataillons de la deuxième ligne.

ART. 4.

Faire marcher la colonne, sous ses diverses formes, en avant, en arrière et vers la droite (ou la gauche).

Commandements

du général	*des chefs de bataillon.*
1. Colonne en avant.	1. Colonne en avant, guide à gauche (ou à droite).
2. Marche.	2. Marche.

Ce commandement général servira en particulier à lancer la colonne d'attaque au combat.

Dans les cas de simple marche, chaque bataillon exécute son mouvement suivant les conditions dans lesquelles il se trouve. Ainsi : les chefs des bataillons en colonne répètent simplement le commandement, tandis que ceux des bataillons déployés font suivre le premier commandement de celui de : *Bataillon en*

6

avant, guide au centre, conformément aux prescriptions des *évolutions du bataillon.*

Si la colonne doit marcher en arrière ou face en arrière, le général commandera : 1. *Pour marcher en arrière (ou face en arrière).* — 2. *Colonne en avant.* — 3. *Marche ;* et les chefs de bataillon après avoir répété le premier commandement, feront faire simplement demi-tour, ou face en arrière, suivant le cas ; puis le reste du mouvement s'exécutera comme dans la marche en avant.

Lorsqu'on voudra faire appuyer la colonne à droite (ou à gauche), comme il importe d'être toujours prêt à faire face à l'ennemi, les bataillons ne changeront pas de front et se borneront, par conséquent, à exécuter un simple mouvement par le flanc.

Dans ce cas, les commandements du général seront : 1. *Pour appuyer à droite (ou à gauche).* — 2. *Colonne en avant.* — 3. *Marche,* Et ceux des chefs de bataillon : 1. *Pour appuyer à droite (ou à gauche).* — 2. *Bataillon par le flanc droit (ou gauche), à droite (ou à gauche).* — 3. *Colonne en avant, guide à gauche (ou à droite).* — 4. *Marche.*

Dans ce mouvement, le guide se prendra toujours du côté de la première ligne, à moins qu'on ne se trouve face en arrière.

ART. 5.

Passer des diverses formes spéciales à la forme fondamentale
de la colonne de combat.

Commandements

du général.	*des chefs de bataillon.*
1. Formez la colonne de combat.	1. Formez la colonne de combat.
2. Marche.	2. Colonne en avant, guide à gauche (ou à droite).
	3. Marche.

En principe, toutes les fois qu'après avoir combattu, ou pris ses dispositions pour le combat, on voudra reprendre l'attitude expectante, on devra conserver, autant que possible, le terrain conquis ; en conséquence, les bataillons les plus avancés serviront généralement de base au mouvement, du moins pour tracer la ligne ; car les intervalles se prendront toujours sur les bataillons du centre. Ainsi, par exemple, s'il s'agit de former, en colonne de combat, une colonne d'attaque en échelons, l'aile droite en avant ; la ligne sera tracée sur le premier bataillon, mais ce sera le deuxième qui servira de base à l'alignement. De sorte que, dans tous les cas, les bataillons de la 1re brigade prendront le guide à gauche, et ceux de la 2e à droite pour se porter en avant.

Si les circonstances ou le terrain ne permettent pas de tracer la ligne sur les bataillons les plus avancés, le général commandera: 1. *Sur tel bataillon, formez la colonne de combat.* — 2. *Marche.* Auquel cas, les bataillons placés en avant du bataillon désigné se portent sur la ligne par une marche en arrière.

En tous cas, avant de se transporter sur la ligne, les bataillons en défensive auront soin de se former en colonne.

ART. 6.

Manière de battre en retraite.

Commandements

du général.	*des chefs de bataillon.*
1. Pour battre en retraite.	1. Pour battre en retraite.
2. Par l'aile droite (ou gauche), par les ailes ou par le centre commencez le mouvement.	2. Par l'aile droite (par exemple) commencez le mouvement.
	3. En retraite.
	4. Marche.

Lorsqu'il s'agit de faire battre en retraite une colonne en échelons, le mouvement s'exécute par bataillon et commence par celui qui forme l'échelon le plus avancé.

Dans la colonne en échiquier, ce sont les deux bataillons les plus avancés qui commencent le mouvement.

Enfin, la colonne établie de front bat en retraite en échelons par l'une ou l'autre aile, ou bien en échiquier par les ailes ou le centre, suivant le cas.

Quoi qu'il en soit, le mouvement s'exécutera successivement par les bataillons et, dans chaque bataillon, par

les divisions dans les conditions suivantes : en suppo-
sant le cas de la colonne en échelons, l'aile droite en
avant, le chef du premier bataillon fait les troisième
et quatrième commandements immédiatement après
le deuxième du général.

Au commandement : *en retraite*, les deux compagnies
d'élite se portent en avant du bataillon, l'une en
tirailleurs et l'autre en réserve pour protéger le mouvement ; tandis que le chef de la 3ᵉ division ou les chefs
des 1ᵉʳ et 6ᵉ pelotons, si le bataillon est déployé ou en
carré, font faire demi-tour à leur subdivision. Au commandement de *marche*, cette division se met en mouvement au pas gymnastique, plutôt en tirailleurs que
concentrée, et est dirigée par l'adjudant-major sur le
point qu'elle doit occuper en arrière de la deuxième
ligne.

Les chefs de peloton et les serre-files règlent le
mouvement et s'appliquent à l'empêcher de dégénérer
en débandade.

Au commandement de *marche*, du chef de la 3ᵉ division, celui de la 2ᵉ fait faire demi-tour à sa division
et la met en mouvement. Il en est de même de la
1ʳᵉ par rapport à la 2ᵉ, et enfin des deux compagnies
de réserve par rapport à la 1ʳᵉ.

Au moment où les tirailleurs du 1ᵉʳ bataillon se
retirent, le chef du 2ᵉ fait les commandements de :
en retraite, marche, qui s'exécutent de la même
manière.

Pendant que la première ligne opère ainsi, les bataillons de la deuxième se disposent pour la résistance ou

pour l'offensive, et ne commencent à battre en retraite, sauf le cas d'absolue nécessité, que lorsque tous
ceux de la première sont reformés derrière eux.

QUATRIÈME PARTIE.

MOUVEMENTS INTERMÉDIAIRES.

Observations préliminaires. — Nous avons dit que
la *colonne de combat* (expectante) était, en principe,
l'intermédiaire indispensable entre ses diverses formes
définitives et les colonnes de route et de manœuvres.
Mais, dans la pratique, il y a beaucoup de cas où l'on
pourra réduire cet intermédiaire à une simple formule. C'est à la sagacité du général à discerner ces
cas, de façon à ne risquer jamais de mettre les chefs
de bataillon dans l'embarras. — En conséquence, au
lieu de nous égarer dans le dédale des cas particuliers, nous nous contenterons de citer un exemple à
l'appui de notre pensée : Supposons donc que,
étant donnée la *colonne de manœuvres*, on veuille former la colonne d'attaque en échelons, l'aile droite
en avant. D'après les principes que nous avons émis,
il faudrait d'abord, et c'est ainsi que nous procédons
dans les articles suivants, former la *colonne de combat
face en avant;* puis, ce mouvement exécuté, former
les échelons. Mais, à cause de leur simplicité, les

deux opérations pourront s'exécuter simultanément ; ainsi, pendant que les 1er, 3e et 4e bataillons prennent leurs intervalles sur le 2e, celui-ci se porte droit devant lui jusqu'au point qu'il doit occuper dans la ligne de bataille en échelons ; les 1er et 3e prendront également et sans s'arrêter leurs distances, par rapport au 4e, aussitôt qu'ils auront gagné leurs intervalles par rapport au 2e.

Dans ce cas, au lieu de commander d'abord : 1. *Formez la colonne de combat, face en avant.* — 2. *Marche.* Puis, ce premier mouvement exécuté : 1. *Formez la colonne d'attaque en échelons, l'aile droite en avant.* — 2. *Marche.* Le général commandera simplement :

1. *Colonne de combat, face en avant.*—2. *Formez la colonne d'attaque en échelons, l'aile droite en avant.* — 3. *Marche.*

Du reste, la formule suivante résume les commandements à faire dans tous les cas analogues :

1. *Colonne de combat face en avant, en arrière, à droite ou à gauche.* — 2. *Formez la colonne d'attaque défensive* ou *mixte* (soit simple), soit *en échelons, l'aile droite* (ou gauche) *en avant,* ou bien *en échiquier les ailes* (ou le centre) *en avant.* — 3. *Marche.*

ART. 1.

Passer de la colonne de route à celle de manœuvres, et réciproquement.

Commandements

du général.	*des chefs de bataillon.*
1. Formez la colonne de manœuvres.	1. Formez la colonne de manœuvres.
2. Marche.	. . . .

Au commandement de : *Marche,* les deux bataillons placés en tête de la première ligne s'arrêtent, tandis que les deux autres font par le flanc droit ou le flanc gauche, pour se porter sur la même ligne que les premiers. Ce mouvement s'exécute, du reste, comme le déploiement de la colonne aux *évolutions du bataillon.*

Cependant la deuxième ligne a continué à marcher droit devant elle jusqu'à distance de division de la première, et là les bataillons opèrent comme leurs correspondants de la première.

En règle générale, quand les brigades marchent à intervalle plus ou moins grand que celui qui les sépare dans la colonne de manœuvres, le mouvement s'opère sur la première, à moins d'ordre contraire, auquel cas le général commande : 1. *Sur la deuxième brigade, formez la colonne de manœuvres.* — 2. *Marche.*

Jusqu'à présent nous avons supposé que tous les mouvements s'opéraient, sinon en présence, du moins sous le coup de la rencontre immédiate de l'ennemi :

et, par conséquent, les principes que nous avons posés relativement à la colonne de route, par exemple, qui opère généralement dans d'autres conditions, doivent être susceptibles de modifications. Ainsi nous faisons marcher les brigades à la même hauteur, tandis que, dans les routes ordinaires, où l'aisance du soldat est une des premières conditions à observer, elles devront marcher l'une derrière l'autre toutes les fois qu'elles voyageront sur la même voie. Ainsi, pour une opération analogue à celle du mouvement tournant de Magenta, nous ferions marcher les deux brigades de front, tandis que nous ne verrions aucun inconvénient à les placer l'une derrière l'autre pour se transporter de Turin sur le Tessin.

Du reste, rien de plus simple que de passer de ce dernier ordre à l'autre; il suffit de faire appuyer la brigade de la tête, de manière à ne lui laisser occuper qu'un côté de la voie et de faire avancer l'autre à sa hauteur.

Lorsqu'il s'agit de passer de la colonne de manœuvres à celle de route, le général commande : 1. *Formez la colonne de route.* — 2. *Marche*, et chaque bataillon exécute le mouvement inverse de celui que nous venons d'indiquer; ainsi, les bataillons de la première ligne, qui se sont arrêtés au commandement de *Marche* du général, marchent droit devant eux, tandis que ceux qui se sont portés en ligne par le flanc droit font par le flanc gauche, et réciproquement.

Les bataillons de la deuxième ligne, qui ne se mettent en mouvement que lorsqu'ils sont à distance de marche de ceux de la première, opèrent ensuite comme leurs correspondants de celle-ci.

Enfin, la réserve se base également, pour commencer son mouvement, sur sa position de marche par rapport à la deuxième ligne.

ART. 2.

Passer de la colonne de route à celle de combat, face en avant et en arrière, et réciproquement.

Commandements

du général.	*des chefs de bataillon.*
1. Formez la colonne de combat, face en avant.	1. Formez la colonne de combat, face en avant.
2. Marche.	. . . .

Même opération que pour passer de la colonne de route à celle de manœuvres, avec cette différence que les bataillons prennent intervalle de déploiement et que la deuxième ligne exécute son mouvement comme la première, sur l'emplacement où elle se trouve au moment du commandement.

La colonne de combat se forme face en arrière comme face en avant, avec cette différence que les bataillons s'alignent face en arrière et que les éclaireurs et les bataillons d'avant-garde deviennent réserve, tandis que ceux qui étaient demeurés en réserve se déploient pour éclairer à leur tour.

On passera de la colonne de combat à celle de route par les mêmes commandements et de la même manière que de la colonne de manœuvres, avec cette différence que le mouvement s'exécutera simultanément dans les deux lignes, c'est-à-dire que les bataillons de la tête de la deuxième ligne se mettront en marche en même temps que ceux de la première.

S'il convient de resserrer l'intervalle des brigades, le général commande : 1. *Par le flanc gauche et le flanc droit formez la colonne de route. — 2. Marche.*

Dans ce cas, les brigades marchent d'abord l'une vers l'autre par le flanc des bataillons, et lorsque ceux-ci arrivant successivement à intervalle de division l'un de l'autre, leurs chefs les remettent en marche de front.

ART. 3.

Passer de la colonne de route à celle de combat, face à droite (ou à gauche).

Commandements

du général.	*des chefs de bataillon.*
1. Formez la colonne de combat, face à droite.	1. Formez la colonne de combat, face à droite.
2. Marche.	2. Bataillon par le flanc gauche, marche.
	3. Changement de direction à droite.

Au commandement de *Marche* tous les bataillons font par le flanc gauche, et les chefs de ceux de la première ligne leur commandent immédiatement : *Changement de direction à droite.*

Les bataillons de cette ligne qui appartiennent à la 1re brigade, exécutent ce mouvement d'après les prescriptions des *évolutions du bataillon* relatives au changement de direction par le flanc gauche, tandis que ceux de la 2ᵉ brigade le prolongent parallèlement à la ligne de bataille, sur laquelle ils se portent ensuite en faisant par le flanc droit, lorsqu'ils ont pris leurs intervalles de déploiement.

En un mot, cette ligne exécute un mouvement analogue à celui du déploiement de la *colonne*, face à droite, dans les *évolutions du bataillon*.

Cependant, les bataillons de la deuxième ligne, après avoir fait par le flanc gauche, marchent droit devant eux, puis exécutent leur changement de direction à droite, à 500 pas en arrière de la ligne tracée par ceux de la première, et se prolongent sur cette nouvelle direction jusqu'au point qu'ils doivent occuper dans la nouvelle colonne. Arrivés à ce point, ils sont arrêtés par leurs chefs et alignés à gauche (ou à droite), suivant qu'ils appartiennent à la 1ʳᵉ ou à la 2ᵉ brigade.

ART. 4.

Passer de la colonne de manœuvres à celle de combat,
face en avant et en arrière.

Commandements

du général.	*des chefs de bataillon.*
1. Formez la colonne de combat, face en avant.	1. Formez la colonne de combat, face en avant.
2. Marche.	2. Bataillon par le flanc droit (ou gauche), à droite (ou à gauche).
	3. Bataillon en avant, guide à gauche (ou à droite).
	4. Marche.

Au premier commandement du général, le chef du

deuxième bataillon de la première ligne prévient son bataillon de ne pas bouger, tandis que les bataillons de droite font par le flanc droit, et ceux de gauche par le flanc gauche.

Au commandement de : *Marche*, le 2e bataillon de la première ligne s'aligne à gauche, et tous les autres se mettent en marche par le flanc. Ceux de la première ligne sont ensuite arrêtés lorsqu'ils ont pris leurs intervalles de déploiement, et alignés du côté du 2e.

Cependant, les bataillons de la deuxième ligne, après avoir également pris leurs intervalles de déploiement en marchant par le flanc droit (ou gauche), font de nouveau par le flanc droit (ou gauche) pour prendre leur distance de colonne de combat en arrière.

Si les circonstances ou le terrain exigent que la colonne se déploie sur un autre bataillon que celui qui sert habituellement de base au mouvement, le général commande : 1. *Sur tel bataillon, formez la colonne de combat, face en avant.* — 2. *Marche.*

La colonne de combat, face en arrière, se forme de la même façon que celle face en avant, avec cette différence que les bataillons s'alignent face en arrière.

ART. 5.

Passer de la colonne de manœuvres à celle de combat, face à droite
(ou à gauche).

Commandements

du général.	*des chefs de bataillon.*
1. Formez la colonne de combat, face à droite.	1. Formez la colonne de combat, face à droite.
2. Marche.	2. Bataillon par le flanc gauche, à gauche.
	3. Colonne en avant, guide à droite.
	4. Marche.
	5. Changement de direction à droite.

Ce mouvement s'exécutera de la même manière que
celui du changement de front de la colonne de manœuvres, avec cette différence que les bataillons prendront entre eux intervalle de déploiement.

ART. 6.

Passer de la colonne de combat à celle de manœuvres.

Commandements

du général.	*des chefs de bataillon.*
1. Formez la colonne de manœuvres.	1. Formez la colonne de manœuvres.
2. Marche.	2. Bataillon par le flanc gauche (ou droit), à gauche (ou à droite).
	3. Bataillon en avant, guide à droite (ou à gauche).
	4. Marche.

Au premier commandement du général, le chef du

deuxième bataillon de la première ligne prévient son bataillon de ne pas bouger, tandis que tous les autres bataillons font : ceux de droite par le flanc gauche, et réciproquement.

Au commandement de : *Marche*, le deuxième bataillon de la première ligne s'aligne à gauche, tandis que tous les autres se mettent en marche; ensuite ceux de la première ligne s'arrêtent lorsqu'ils ont suffisamment resserré leurs intervalles et sont alignés sur le deuxième; ceux de la deuxième ligne, après avoir marché à la rencontre l'un de l'autre, font par le flanc droit ou le flanc gauche, suivant le cas, pour se rapprocher de la première à la distance prescrite.

Si, pour une raison quelconque, il convient de former la colonne de manœuvres sur un autre bataillon que celui qui sert habituellement de base au mouvement, le général commandera : 1. *Sur tel bataillon, formez la colonne de manœuvres.*

Paris. — Imprimerie de L. MARTINET, rue Mignon, 2.